大众汽车发动机典型零件检修

刘旭光　　丛培基◎主编

北京工业大学出版社

图书在版编目（CIP）数据

大众汽车发动机典型零件检修 / 刘旭光，丛培基主编 . — 北京：北京工业大学出版社，2020.4（2021.11 重印）
ISBN 978-7-5639-7388-0

Ⅰ．①大… Ⅱ．①刘… ②丛… Ⅲ．①汽车－发动机－零部件－检修 Ⅳ．① U472.43

中国版本图书馆 CIP 数据核字（2020）第 076644 号

大众汽车发动机典型零件检修
DAZHONG QICHE FADONGJI DIANXING LINGJIAN JIANXIU

主　　编：刘旭光　丛培基
责任编辑：李俊焕
封面设计：点墨轩阁
出版发行：北京工业大学出版社
　　　　　（北京市朝阳区平乐园 100 号　邮编：100124）
　　　　　010-67391722（传真）　bgdcbs@sina.com
经销单位：全国各地新华书店
承印单位：三河市腾飞印务有限公司
开　　本：710 毫米 ×1000 毫米　1/16
印　　张：9.25
字　　数：185 千字
版　　次：2020 年 4 月第 1 版
印　　次：2021 年 11 月第 2 次印刷
标准书号：ISBN 978-7-5639-7388-0
定　　价：42.00 元

前　言

　　本书是教育部现代学徒制试点课程改革成果教材。本教材基于现代学徒制人才培养理念和中职学生认知规律编写教学内容。教学内容以实践操作为主，理论知识为辅，通过大量直观易懂的操作图片，详细讲解了大众汽车发动机的典型零件检修任务。

　　本教材共设六个典型零件检修项目，即气缸盖检修、气缸体检修、曲轴检修、活塞连杆组检修、凸轮轴检修和气门检修。

　　本教材以学校和汽修企业共同开发的具有现代学徒制人才培养特征的课程内容为基础，课程教学目标和评价考核标准严格执行企业标准，实践指导性强。本书可作为中等职业学校汽车运用与维修专业的教材，也可作为汽车维修行业从业人员的岗位培训教材。

　　本教材由刘旭光、丛培基担任主编。刘旭光负责编写项目一、项目四、项目五、项目六；丛培基负责编写项目二、项目三、附录。编者在本教材的编写过程中得到了哈尔滨一汽森华汽车贸易有限公司和齐齐哈尔粤华奥通汽车销售有限公司等单位的大力支持，在此表示衷心的感谢。由于编者水平有限，加之编写时间仓促，本教材难免有不足之处，敬请读者批评指正。

目　录

项目一　气缸盖检修

【项目导读】

气缸盖是配给机构的安装基体，也是气缸的密封盖。大众车用汽油发动机的气缸盖都采用铝合金材料，部分柴油发动机也采用铝合金材料，但大功率柴油发动机气缸盖多采用灰铸铁或合金铸铁材料。现代轿车直列发动机大多采用整体式气缸盖，即所有气缸共用一个气缸盖；V 型或 W 型发动机多采用分体式气缸盖，即每一侧一个气缸盖。

气缸盖的主要功用是密封气缸上部并与活塞顶部和气缸一同组成燃烧室。同时，气缸盖也为其他零部件提供安装位置。气缸盖燃烧室一侧直接受到高温、高压燃气作用。在承受热负荷时，气缸盖由于形状复杂，冷却不均匀，各部分温差很大，进、排气门口之间和进、排气门口与汽油发动机的火花塞之间的热应力很高，容易出现裂纹发生损坏。气缸盖在机械负荷和热负荷作用下产生变形会破坏进、排气门密封和气缸盖密封（气封、水封、油封），影响发动机的动力性、经济性和工作可靠性。因此，气缸盖必须具有足够的强度、刚度和良好的冷却性能。

气缸盖检修是汽车发动机典型零件检修项目之一。气缸盖的主要损坏形式有气缸盖翘曲变形、气缸盖裂纹、气缸盖腐蚀和气缸盖螺纹孔损坏等。气缸盖翘曲变形为常见损坏形式，造成气缸盖翘曲变形的主要原因有：发动机气缸盖在工作过程中受热不均匀；拆卸或者装配气缸盖时，没有按照维修手册的要求拆卸或者紧固气缸盖的固定螺栓；螺栓孔堵塞或螺栓没有贯穿螺栓孔，出现虚假紧固现象等。气缸盖变形超过标准，将导致发动机发生漏水、漏油、漏气，动力不足等现象，甚至影响发动机的使用寿命。

测量发动机气缸盖的平面度可确定气缸盖的变形情况是否在标准范围内，是否需要维修。

1

气缸盖经过修磨后，高度会变小。如果气缸盖高度小于技术标准，燃烧室体积会减小，压缩比会增大，可造成气缸工作温度过高、爆震，损坏发动机。因此，气缸盖在修磨前要测量高度，确定是否能够进行修磨；在修磨后要测量高度，确定修磨后的气缸盖是否符合技术标准。

【学习目标】

1. 掌握大众 AWL 发动机气缸盖平面度最大误差值。
2. 掌握气缸盖平面度的测量方法。
3. 掌握大众 AWL 发动机气缸盖修磨后的最小尺寸。
4. 掌握气缸盖修理尺寸的测量方法。
5. 掌握刀口尺、厚薄规和深度尺的使用方法。

【项目实施】

一、气缸盖平面度测量

（一）任务准备

按照《大众汽车发动机构造与拆装》中的操作步骤和技术规范，拆卸发动机气缸盖，以待检测。

（二）大众 AWL 发动机检测技术标准

气缸盖平面度最大误差值：0.10mm。

（三）测量工具和耗材

气缸盖平面度测量工具和耗材如表 1-1 所示。

表 1-1　气缸盖平面度测量工具和耗材

序号	工具名称	工具实物图
1	刀口尺	

序号	工具名称	工具实物图
2	厚薄规	
3	抹布	

（四）测量步骤

气缸盖平面度测量步骤如表1-2所示。

表1-2 气缸盖平面度测量步骤

测量步骤	测量方法和技术规范	操作示范图
1.清洁测量面	使用干净抹布清洁气缸盖下表面 如果有难擦净的污物，可使用铲刀去除	
2.清洁测量工具	使用干净抹布清洁刀口尺	
	使用干净抹布清洁厚薄规	

3

测量步骤	测量方法和技术规范	操作示范图
3. 选择厚薄规	选择 0.10mm 厚薄规测量气缸盖下表面平面度	
4. 测量气缸盖平面度	使用厚薄规和刀口尺配合测量气缸盖下表面 6 个位置的平面度，测量位置如右图所示	
	测量时，先将刀口尺轻轻平放到气缸盖下表面的测量位置，再垂直竖起刀口尺进行测量作业 注意： ①移动刀口尺要轻拿轻放，不可在气缸盖下表面拖动 ②测量时，刀口尺必须垂直于测量面	
	使用 0.10mm 厚薄规尝试插入垂直竖起的刀口尺和气缸盖间的缝隙，如果厚薄规不能插入或有很大阻力才能插入，说明气缸盖的变形小于或刚好达到 0.10mm，气缸盖变形符合技术标准；如果厚薄规能够顺利插入，说明气缸盖的变形超过 0.10mm，气缸盖不符合技术标准，应对气缸盖进行修磨或更换气缸盖 填写气缸盖平面度测量工单 注意： ①测量时，重点测量气缸盖上各油道、水道、螺栓孔和气缸边缘处的平面度 ②观测时，眼睛要与被测平面平齐	

测量步骤	测量方法和技术规范	操作示范图
5.清洁整理测量工具	使用干净抹布清洁刀口尺，并将清洁后的刀口尺放回原处	
	使用干净抹布清洁厚薄规，并将清洁后的厚薄规放回原处	

（五）测量工单

气缸盖平面度测量工单如表 1-3 所示。

表 1-3　气缸盖平面度测量工单

班级		姓名		学号	
组号		发动机编号		记录日期	
大众 **AWL** 发动机气缸盖平面度测量技术标准					
气缸盖平面度最大误差值			＿＿＿mm		
气缸盖平面度测量记录单					
气缸盖下表面平面度测量位置		测量结果（合格 / 不合格）			
气缸盖长度（方向 1）					
气缸盖长度（方向 2）					
气缸盖宽度（方向 3）					
气缸盖宽度（方向 4）					
气缸盖对角线（方向 5）					
气缸盖对角线（方向 6）					
测量结论和处理意见：					

二、气缸盖修理尺寸测量

（一）任务准备

按照《大众汽车发动机构造与拆装》中的操作步骤和技术规范，拆卸发动机气缸盖，以待检测。

（二）大众 AWL 发动机检测技术标准

气缸盖修磨后的最小尺寸：139.40mm。

（三）工具和耗材

气缸盖修理尺寸测量工具和耗材如表 1-4 所示。

表 1-4　气缸盖修理尺寸测量工具和耗材

序号	工具名称	工具实物图
1	深度尺	
2	测量平台	
3	抹布	

（四）测量步骤

气缸盖修理尺寸测量步骤如表 1-5 所示。

表 1-5　气缸盖修理尺寸测量步骤

测量步骤	测量方法和技术规范	操作示范图
1.清洁测量平台	使用干净抹布清洁测量平台	
2.清洁气缸盖	使用干净抹布清洁气缸盖上、下表面后，将气缸盖放在测量平台中央	
3.清洁测量工具	使用干净抹布清洁深度尺	
4.校正深度尺	松旋深度尺锁紧螺栓，将深度尺量爪轻压在测量平台上，紧固锁紧螺栓，检查游标上的"0"刻线与尺身上的"0"刻线对否对齐	

测量步骤	测量方法和技术规范	操作示范图
5. 测量气缸盖高度	使用深度尺在气缸盖 4 个角分别测量气缸盖高度 填写气缸盖修理尺寸测量工单	
6. 清洁整理深度尺	使用干净抹布清洁深度尺 将清洁后的深度尺放回原处	

（五）测量工单

气缸盖修理尺寸测量工单如表 1-6 所示。

表 1-6　气缸盖修理尺寸测量工单

班级		姓名		学号	
组号		发动机编号		记录日期	
大众 AWL 发动机气缸盖修理尺寸测量技术标准					
气缸盖修磨后的最小尺寸			____mm		
气缸盖修理尺寸测量记录单					
气缸盖高度测量位置			测量结果		
气缸盖左下角			____mm		
气缸盖左上角			____mm		
气缸盖右上角			____mm		
气缸盖右下角			____mm		
测量结论和处理意见：					

【项目评价】

气缸盖检修项目评价如表 1-7 所示。

表 1-7 气缸盖检修项目评价表

评价内容	操作要求	配分	操作扣分标准	学生自评	小组互评	教师评价
气缸盖平面度测量	气缸盖平面度最大误差值	5	技术标准掌握错误，扣5分			
	选择正确的测量工具	5	选错测量工具，每个错误扣1分			
	测量步骤正确、规范	25	测量步骤错误，每个错误扣2分 操作不规范，每个错误扣2分			
	填写测量工单正确	5	每个错误扣1分			
气缸盖修理尺寸测量	掌握气缸盖修磨后的最小尺寸	5	技术标准掌握错误，扣5分			
	选择正确的检测工具	5	选错测量工具，每个错误扣1分			
	测量步骤正确、规范	25	测量步骤错误，每个错误扣2分 操作不规范，每个错误扣2分			
	填写测量工单正确	5	每个错误扣1分			
安全文明操作	穿着整洁的工作服和安全鞋	4	工作服不整洁，扣1分 没有穿工作服，扣2分 没有穿安全鞋，扣1分			
	尊敬教师和组员	4	不尊敬教师，扣2分 不尊敬组员，扣2分			
	同组员协作完成任务	4	没有同组员协作完成任务，扣4分			
	操作过程达到大众6S标准	8	没有达到大众6S标准的操作，每个操作扣1分			
合计		100				

项目二 气缸体检修

【项目导读】

大众汽车的发动机一般采用水冷式多缸发动机。水冷发动机的气缸体和曲轴箱常铸成一体，组成气缸体-曲轴箱，一般称为气缸体。

气缸体为发动机的主体，它将各个气缸和曲轴箱连成一体，是安装活塞、曲轴、其他零件和附件的支承骨架。气缸体上半部为气缸，有一个或多个为活塞在其中运动导向的圆柱形空腔；气缸体下半部为支撑曲轴的曲轴箱，其内腔为曲轴运动的空间。气缸体作为发动机各个机构和系统的装配载体，本身具有足够的刚度和强度。气缸工作表面经常与高温、高压的燃气相接触，活塞也在其中做高速往复运动，所以气缸体是发动机中故障率较高的零件。

气缸体检修是汽车发动机典型零件检修项目之一。气缸体的主要损坏形式有气缸体裂纹、气缸体腐蚀、气缸体螺纹孔损坏、气缸体上平面磨损或变形等。气缸体上表面变形为常见损坏形式，造成气缸体变形的主要原因有：发动机气缸体在工作过程中受热不均匀；拆卸或者装配气缸体时，没有按照维修手册的要求拆卸或者紧固气缸体的固定螺栓；紧固气缸体螺栓时，螺栓孔中有污物等。气缸体变形超过标准，将导致发动机发生漏水、漏油、漏气，动力不足等现象，甚至影响发动机的使用寿命。

测量发动机气缸体上平面的平面度可确定气缸体的变形情况是否在标准范围内，是否需要维修。

发动机在工作过程中必然造成气缸的磨损。气缸磨损严重将造成发动机压缩行程温度降低，发动机功率减小；气缸内的气体进入曲轴箱过多，严重时将导致曲轴箱漏油；发动机润滑油进入燃烧室过多，将导致发动机润滑油消耗增加。测量气缸直径是检测气缸磨损程度的重要手段，将气缸的测量直径与标准直径进行比较，可计算出气缸直径偏差量、气缸圆柱度、气缸圆度等数值，这些数值是判断发动机是否需要进行大修的重要数据。

【学习目标】

1. 了解大众 AWL 发动机气缸体平面度最大误差值。
2. 了解大众 AWL 发动机气缸标准直径。
3. 了解大众 AWL 发动机气缸直径允许的最大偏差值。
4. 了解大众 AWL 发动机气缸圆度最大误差值和气缸圆柱度最大误差值。
5. 理解刀口尺的使用方法。
6. 理解厚薄规的使用方法。
7. 理解外径千分尺的使用方法。
8. 理解内径百分表的使用方法。
9. 掌握气缸体平面度的测量方法。
10. 掌握气缸磨损的检测方法。

【项目实施】

一、气缸体平面度测量

（一）任务准备

按照《大众汽车发动机构造与拆装》中的操作步骤和技术规范，拆卸发动机气缸体，以待检测。

（二）大众 AWL 发动机检测技术标准

气缸体允许最大变形值：0.10mm（气缸体平面度最大误差值：0.10mm）。

（三）测量工具和耗材

气缸体平面度测量工具和耗材如表 2-1 所示。

表 2-1　气缸体平面度测量工具和耗材

序号	工具名称	工具实物图
1	刀口尺	

序号	工具名称	工具实物图
2	厚薄规	
3	抹布	

（四）测量步骤

气缸体平面度测量步骤如表2-2所示。

表 2-2　气缸体平面度测量步骤

测量步骤	测量方法和技术规范	操作示范图
1. 清洁测量面	使用干净抹布清洁气缸体上表面 如果有难擦净的污物，可使用铲刀去除	
2. 清洁测量工具	使用干净抹布清洁刀口尺	
	使用干净抹布清洁厚薄规	

测量步骤	测量方法和技术规范	操作示范图
3. 选择厚薄规	选择 0.10mm 厚薄规测量气缸体上表面平面度	
4. 测量气缸体平面度	使用厚薄规和刀口尺配合测量气缸体上表面 6 个位置的平面度，测量位置如右图所示	
	测量时，先将刀口尺轻轻平放到气缸体上表面的测量位置，再垂直竖起刀口尺 注意： ①移动刀口尺要轻拿轻放，不可在气缸体上表面拖动 ②测量时，刀口尺必须垂直于测量面	
	使用 0.10mm 厚薄规尝试插入垂直竖起的刀口尺和气缸体间的缝隙，如果厚薄规不能插入或有很大阻力才能插入，说明气缸体的变形小于或刚好达到 0.10mm，气缸体变形符合技术标准；如果厚薄规能够顺利插入，说明气缸体变形超过 0.10mm，气缸体变形不符合技术标准，应对气缸体进行修磨或更换气缸体 填写气缸体平面度测量工单 注意： ①测量时，重点测量气缸体上各油道、水道、螺栓孔和气缸边缘处的平面度 ②观测时，眼睛要与被测平面平齐	

续表

测量步骤	测量方法和技术规范	操作示范图
5.清洁整理测量工具	使用干净抹布清洁刀口尺，并将清洁后的刀口尺放回原处	
	使用干净抹布清洁厚薄规，并将清洁后的厚薄规放回原处	

（五）测量工单

气缸体平面度测量工单如表 2-3 所示。

表 2-3　气缸体平面度测量工单

班级		姓名		学号	
组号		发动机编号		记录日期	
大众 AWL 发动机气缸体平面度测量技术标准					
气缸体平面度最大误差值		＿＿＿mm			
大众 AWL 发动机气缸体平面度测量记录单					
气缸体上表面平面度测量位置		测量结果（合格 / 不合格）			
气缸体长度（方向 1）					
气缸体长度（方向 2）					
气缸体宽度（方向 3）					
气缸体宽度（方向 4）					
气缸体对角线（方向 5）					
气缸体对角线（方向 6）					
测量结论和处理意见：					

二、气缸磨损检测

（一）任务准备

按照《大众汽车发动机构造与拆装》中的操作步骤和技术规范，拆卸发动机气缸，以待检测。

（二）大众 AWL 发动机检测技术标准

气缸标准直径：81.01mm。

气缸直径最大允许偏差值：0.08mm。

气缸圆度最大误差值：0.050—0.063mm。

气缸圆柱度最大误差值：0.175—0.250mm。

（三）检测工具和耗材

气缸磨损检测工具和耗材如表 2-4 所示。

表 2-4　气缸磨损检测工具和耗材

序号	工具名称	工具实物图
1	75—100mm 外径千分尺	
2	内径百分表	
3	台虎钳	
4	抹布	

（四）检测步骤

气缸磨损检测步骤如表 2-5 所示。

表 2-5　气缸磨损检测步骤

检测步骤	检测方法和技术规范	操作示范图
1. 清洁外径千分尺	将 75—100mm 外径千分尺垫干净抹布固定在台虎钳上　使用干净抹布清洁外径千分尺；使用干净抹布清洁 75mm 校正杆	
2. 校正外径千分尺	使用 75mm 校正杆校正外径千分尺	
3. 调整外径千分尺至气缸标准直径	将校正后的外径千分尺调整到气缸标准直径：81.01mm	
4. 组装内径百分表	根据气缸标准直径，选择 80—90mm 测量杆，组装内径百分表测量杆	
	将百分表安装在测量杆上并预压至 1.00mm 左右，保证百分表与测量杆接触良好	
	按压内径百分表的测量杆，检验组装是否到位	

检测步骤	检测方法和技术规范	操作示范图
5. 内径百分表调零	使用干净抹布清洁内径百分表的测量杆 将内径百分表装在外径千分尺上，根据气缸标准直径，将百分表调零 注意：读取内径百分表测量值时，视线要与表针处于水平位置	
6. 清洁气缸	使用干净抹布清洁气缸 气缸数量：4个	
7. 测量气缸直径	分别在1缸气缸内选择上、中、下三个截面，上、下两个截面分别距气缸上、下端面10mm左右 在每个截面的横向、纵向两个方向上测量气缸直径 重复1缸的测量操作，测量2缸、3缸和4缸的气缸直径 注意： ①测量时，手握内径百分表的绝缘套，不可接触金属杆，防止因温度变化影响测量精度 ②读数时，眼睛与百分表指针处于水平位置	

检测步骤	检测方法和技术规范	操作示范图
8.填写测量工单	填写气缸直径测量工单，计算气缸圆度误差和圆柱度误差	—
9.清洁整理测量工具	将外径千分尺从台虎钳上取下，使用干净抹布清洁外径千分尺 将清洁后的外径千分尺放回原处	
	使用干净抹布清洁内径百分表，将清洁后的内径百分表分解，放回原处	

（五）检测工单

气缸磨损检测工单如表 2-6 所示。

表 2-6　气缸磨损检测工单

班级			姓名		学号		
组号			发动机编号		记录日期		
大众 AWL 发动机气缸磨损检测技术标准							
气缸标准直径				____mm			
气缸直径最大允许偏差值				____mm			
气缸圆度最大误差值				____mm			
气缸圆柱度最大误差值				____mm			
气缸磨损检测记录单							

气缸	1 缸		2 缸		3 缸		4 缸	
	横向	纵向	横向	纵向	横向	纵向	横向	纵向
上截面								
中截面								

下截面							
圆度误差							
圆柱度误差							
测量结论和处理意见：							

【项目评价】

气缸体检修项目评价如表 2-7 所示。

表 2-7　气缸体检修项目评价表

评价内容	操作要求	配分	操作扣分标准	学生自评	小组互评	教师评价
气缸体平面度测量	掌握气缸体平面度最大误差值	5	技术标准掌握错误，扣 5 分			
	选择正确的测量工具	5	选错测量工具，每个错误扣 1 分			
	测量步骤正确、规范	25	测量步骤错误，每个错误扣 2 分 操作不规范，每个错误扣 2 分			
	填写测量工单正确	5	每个错误扣 1 分			
气缸体磨损检测	掌握气缸标准直径 掌握气缸直径最大允许偏差值 掌握气缸圆度最大误差值 掌握气缸圆柱度最大误差值	5	技术标准掌握错误，每个错误扣 1 分			
	选择正确的检测工具	5	选错测量工具，每个错误扣 1 分			
	测量步骤正确、规范	25	测量步骤错误，每个错误扣 2 分 操作不规范，每个错误扣 2 分			
	填写测量工单正确	5	每个错误扣 1 分			

评价内容	操作要求	配分	操作扣分标准	学生自评	小组互评	教师评价
安全文明操作	穿着整洁的工作服和安全鞋	4	工作服不整洁，扣1分 没有穿工作服，扣2分 没有穿安全鞋，扣1分			
	尊敬教师、组员	4	不尊敬教师，扣2分 不尊敬组员，扣2分			
	同组员协作完成任务	4	没有同组员协作完成任务，扣4分			
	操作过程达到大众6S标准	8	没有达到大众6S标准的操作，每个操作扣1分			
合计		100				

项目三　曲轴检修

【项目导读】

曲轴是组成发动机的重要零件，其作用是把活塞连杆组传来的气体作用力转变成旋转的动力，用以驱动汽车传动系统、发动机配气机构和其他辅助部件，如水泵、机油泵、发电机、风扇等。曲轴承受连杆传来的作用力，并将此作用力转化为绕其自身轴线的力矩，对外输出转矩。发动机工作时，曲轴受到旋转质量的离心力、周期性变化的气体压力和往复惯性力的共同作用，使曲轴承受弯曲和扭转载荷。由于曲轴旋转速度快，所以轴颈表面承受较大的冲击力和有很大的滑动速度，很容易造成磨损。

曲轴检修是汽车发动机典型零件检修项目之一。曲轴的主要损坏形式有曲轴的磨损、弯曲变形、扭曲变形和裂纹等，曲轴的轴颈表面还可能出现擦伤和烧伤。曲轴产生弯曲变形，是由于使用不当和维修、装配不当造成的。如果发动机在爆燃和超负荷等条件下工作，个别气缸不工作或工作不均衡，各道主轴承松紧度不一致，主轴承孔同轴度偏差增大等情况，都会造成曲轴发生弯曲变形。曲轴变形逾限后，将进一步加剧活塞连杆组和气缸的磨损以及曲轴和轴承的磨损，磨损严重时，会使曲轴疲劳折断。曲轴扭曲变形主要是烧瓦和个别活塞卡缸（涨缸）造成的。个别气缸壁间隙过小或活塞热膨胀过大时，活塞运动阻力将增大，曲轴转速将不均匀，进而发展到活塞卡缸。汽车超速、超载也都会导致曲轴的扭曲变形。曲轴发生扭曲变形，将使连杆轴颈分配角改变，影响发动机的配气正时和点火正时，造成发动机异常振动。曲轴磨损将造成发动机运转中出现异响，也必然造成气缸的磨损。气缸磨损严重将造成一系列故障，如：发动机压缩行程温度降低，发动机功率减小；气缸内的气体进入曲轴箱过多，严重时将造成曲轴箱漏油；发动机润滑油进入燃烧室过多，将造成发动机润滑油消耗增加。

【学习目标】

1. 了解大众 AWL 发动机曲轴轴颈标准尺寸和曲轴连杆轴颈标准尺寸。
2. 了解大众 AWL 发动机曲轴轴向间隙标准值。
3. 了解大众 AWL 发动机曲轴径向间隙标准值。
4. 了解大众 AWL 发动机圆跳动最大值。
5. 理解外径千分尺的使用方法。
6. 理解磁力百分表的使用方法。
7. 理解塑料间隙规的使用方法。
8. 掌握曲轴磨损的检测方法。
9. 掌握曲轴的拆装方法。

【项目实施】

一、曲轴磨损检测

（一）任务准备

按照《大众汽车发动机构造与拆装》中的操作步骤和技术规范，拆卸发动机曲轴，以待检测。

（二）大众 AWL 发动机检测技术标准

大众 AWL 发动机曲轴尺寸标准如表 3-1 所示。

表 3-1　曲轴尺寸标准　　　　　　　　　　　　　mm

轴颈尺寸		曲轴轴颈	连杆轴颈
基本尺寸		-0.017 54.00 -0.037	-0.022 47.80 -0.402
研磨后尺寸	第一次减小尺寸	-0.017 53.75 -0.037	-0.022 47.55 -0.402
	第二次减小尺寸	-0.017 53.50 -0.037	-0.022 47.30 -0.402
	第三次减小尺寸	-0.017 53.25 -0.037	-0.022 47.05 -0.402

（三）检测工具和耗材

曲轴磨损检测工具和耗材如表 3-2 所示。

表 3-2　曲轴磨损检测工具和耗材

序号	工具名称	工具实物图
1	25—50mm 外径千分尺	
2	50—75mm 外径千分尺	
3	台虎钳	
4	V 型支架	
5	测量台	
6	抹布	

（四）检测步骤

曲轴磨损检测步骤如表 3-3 所示。

表 3-3　曲轴磨损检测步骤

检测步骤	检测方法和技术规范	操作示范图
1. 固定曲轴	使用 V 型支架将曲轴架在测量平台上 旋转曲轴，检查曲轴在 V 型支架上旋转是否平稳	
2. 清洁曲轴	使用干净抹布清洁曲轴，重点清洁曲轴轴颈和曲轴连杆轴颈	
3. 清洁 25—50mm 外径千分尺	将 25—50mm 外径千分尺垫抹布固定在台虎钳上 使用干净抹布清洁 25—50mm 外径千分尺和 25mm 校正杆	
4. 校正 25—50mm 外径千分尺	使用 25mm 校正杆校正 25—50mm 外径千分尺 将校正后的千分尺从台虎钳上取下	
5. 清洁 50—75mm 外径千分尺	将 50—75mm 外径千分尺垫抹布固定在台虎钳上 使用干净抹布清洁 50—75mm 外径千分尺和 50mm 校正杆	
6. 校正 50—75mm 外径千分尺	使用 50mm 校正杆校正 50—75mm 外径千分尺 将校正后的千分尺从台虎钳上取下	

检测步骤	检测方法和技术规范	操作示范图
7. 测量曲轴轴颈	使用 50—75mm 外径千分尺测量曲轴轴颈尺寸。在每个曲轴轴颈的两端各取 1 个截面，每个截面分别测量横向和纵向两个方向的尺寸 测量曲轴轴颈数量：5 个 填写曲轴磨损检测工单 注意：测量时避开机油孔位置	
8. 测量曲轴连杆轴颈	使用 25—50mm 外径千分尺测量曲轴连杆轴颈尺寸。在每个曲轴连杆轴颈两端各取 1 个截面，每个截面分别测量横向和纵向两个方向的尺寸 测量曲轴连杆轴颈数量：4 个 填写曲轴磨损检测工单 注意：测量时避开机油孔位置	
9. 清洁整理测量工具	使用干净抹布清洁 50—75mm 外径千分尺 将清洁后的千分尺放回原处	
	使用干净抹布清洁 25—50mm 外径千分尺 将清洁后的千分尺放回原处	

（五）检测工单

曲轴磨损检测工单如表 3-3 所示。

表 3-3 曲轴磨损检测工单

班级		姓名		学号	
组号		发动机编号		记录日期	
大众 AWL 发动机曲轴尺寸技术标准					
标准尺寸（单位：mm）			计算标准尺寸范围		
曲轴轴颈	54.00 −0.017 −0.037		最小尺寸≤曲轴轴颈尺寸≤最大尺寸 _____mm ≤曲轴轴颈尺寸≤ _____mm		
曲轴连杆轴颈	47.80 −0.022 −0.402		最小尺寸≤曲轴连杆轴颈尺寸≤最大尺寸 _____mm ≤曲轴连杆轴颈尺寸≤ _____mm		
曲轴轴颈尺寸测量记录单					
测量对象	轴颈	测量截面	横向	纵向	
曲轴轴颈	1	I			
		II			
	2	I			
		II			
	3	I			
		II			
	4	I			
		II			

测量结论和处理意见：

曲轴连杆轴颈尺寸测量记录单					
测量对象	轴颈	测量截面	横向	纵向	
曲轴连杆轴颈	1	I			
		II			
	2	I			
		II			
	3	I			
		II			
	4	I			
		II			
	5	I			
		II			

测量结论和处理意见：

二、曲轴轴向间隙测量

（一）任务准备

按照《大众汽车发动机构造与拆装》中的操作步骤和技术规范，拆卸发动机曲轴，以待检测。

（二）大众 AWL 发动机检测技术标准

新曲轴轴向间隙标准值：0.07— 0.23mm。

旧曲轴轴向间隙标准值：0.07— 0.30mm。

（二）测量工具和耗材

曲轴轴向间隙测量工具和耗材如表 3-4 所示。

表 3-4　曲轴轴向间隙测量工具和耗材

序号	工具名称	工具实物图
1	百分表	
2	磁力表座	
3	一字螺丝刀	
4	抹布	

序号	工具名称	工具实物图
5	胶带	

（四）测量步骤

曲轴轴向间隙测量步骤如表 3-5 所示。

表 3-5　曲轴轴向间隙测量步骤

测量步骤	测量方法和技术规范	操作示范图
1. 组装磁力表座和百分表	按测量角度组装磁力表座，将百分表安装在磁力表座上 轻轻按压百分表测量头，检查百分表 使用干净抹布清洁百分表测量头	
2. 清洁测量面	使用干净抹布清洁曲轴测量端面和磁力表座安装位置	
3. 安装磁力百分表	将磁力表座放在气缸体上，打开磁力开关（指针指向 ON），使磁力表座吸附在气缸体上	
	调整磁力表座连杆位置，使百分表垂直于曲轴测量端面	
	为保证百分表与曲轴测量端面接触良好，将百分表预压 1.00mm 左右 调整百分表表盘，将百分表指针归零	

30

测量步骤	测量方法和技术规范	操作示范图
4. 测量曲轴轴向间隙	使用头部裹有胶带的一字螺丝刀，在曲轴轴向方向前后撬动曲轴，百分表指针随着螺丝刀前后撬动，在 0 刻度左右摆动。读出最大正值和最小负值，最大正值和最小负值的绝对值之和，即曲轴轴向间隙最大值 填写曲轴轴向间隙测量工单	
5. 拆卸磁力百分表	关闭磁力百分表的磁力开关（指针指向 OFF），将磁力百分表从气缸体上取下 注意：关闭磁力开关时，手要固定磁力百分表，防止掉落损坏	
6. 清洁整理测量工具	将百分表从磁力表座上拆下，使用干净抹布清洁百分表，并将清洁后的百分表放回原处	
	使用干净抹布清洁磁力表座，并将清洁后的磁力表座放回原处	

31

（五）测量工单

曲轴轴向间隙测量工单如表 3-6 所示。

表 3-6　曲轴轴向间隙测量工单

班级		姓名		学号	
组号		发动机编号		记录日期	
大众 AWL 发动机曲轴轴向间隙技术标准					
新曲轴轴向间隙标准值			＿＿＿ — ＿＿＿ mm		
旧曲轴轴向间隙标准值			＿＿＿ — ＿＿＿ mm		
曲轴轴向间隙测量记录单					
百分表读数			数值		
最大正值			＿＿＿ mm		
最小负值			＿＿＿ mm		
曲轴轴向间隙最大值＝｜最大正值｜＋｜最小负值｜			＿＿＿ mm		
测量结论和处理意见：					

三、曲轴径向间隙测量

（一）任务准备

按照《大众汽车发动机构造与拆装》中的操作步骤和技术规范，拆卸发动机曲轴，以待检测。

（二）大众 AWL 发动机检测技术标准

新曲轴径向间隙标准值：0.02— 0.04mm。

旧曲轴径向间隙标准值：0.02— 0.15mm。

（三）测量工具和耗材

曲轴径向间隙测量工具和耗材如表 3-7 所示。

表 3-7　曲轴径向间隙测量工具和耗材

序号	工具名称	工具实物图
1	塑料间隙规	
2	17mm 套筒	
3	预置式扭力扳手	
4	0—300N·m 扭力扳手	
5	抹布	

（四）测量步骤

曲轴径向间隙测量步骤如表 3-8 所示。

表 3-8　曲轴径向间隙测量步骤

测量步骤	测量方法和技术规范	操作示范图
1. 清洁安装面	使用干净抹布清洁气缸体安装面	
	使用干净抹布清洁曲轴（重点清洁曲轴轴颈）和曲轴下轴瓦	
	使用干净抹布清洁曲轴轴承盖、曲轴上轴瓦和曲轴轴承盖固定螺栓	
2. 安装曲轴下轴瓦	将曲轴下轴瓦凸出端对正装入气缸体上的定位槽并保证曲轴凸出端面与曲轴气缸体水平，然后将曲轴下轴瓦的另一端推至与气缸体端面齐平位置 注意： ①使用过的曲轴下轴瓦不可互换安装 ②安装后应检查曲轴下轴瓦两端面是否与气缸体齐平，曲轴下轴瓦油道口是否与气缸体油道口对正 曲轴下轴瓦数量：5个	
3. 安装曲轴	将曲轴放入安装位置。旋转曲轴，使曲轴轴颈上方没有机油孔	

测量步骤	测量方法和技术规范	操作示范图
4. 安装塑料间隙规	截取曲轴轴颈宽度的塑料间隙规，放置在曲轴轴颈上 安装塑料间隙规数量：5 个	
5. 安装曲轴上轴瓦	将曲轴上轴瓦凸出端对正装入曲轴轴承盖上的定位槽并保证曲轴凸出端面与曲轴轴承盖端面齐平，然后将曲轴上轴瓦的另一端推至与曲轴轴承盖端面齐平位置 注意： ①使用过的曲轴上轴瓦不可互换安装 ②安装后应检查曲轴上轴瓦两端面是否与曲轴轴承盖两端水平 曲轴上轴瓦数量：5 个	
6. 安装曲轴轴承盖	将曲轴轴承盖按照位置标记安装在对应位置。安装时，保证曲轴轴承盖定位槽与气缸体定位槽位于同侧。旋入曲轴轴承盖固定螺栓 曲轴轴承盖数量：5 个 曲轴轴承盖固定螺栓数量：10 个 注意： ①曲轴轴承盖不可互换安装 ②安装曲轴轴承盖时，防止安装好的塑料间隙规移动位置 ③安装过程禁止转动曲轴	

测量步骤	测量方法和技术规范	操作示范图
7. 紧固曲轴轴承盖固定螺栓	使用 17mm 套筒和预置式扭力扳手，按照由内到外的顺序，分 3 次紧固曲轴轴承盖固定螺栓 曲轴轴承盖固定螺栓紧固扭矩：65N·m 螺栓数量：10 个	
8. 旋松曲轴轴承盖固定螺栓	使用 17mm 套筒和 0—300N·m 扭力扳手，按照由外到内的顺序，分两次旋松曲轴轴承盖固定螺栓 螺栓数量：10 个	
9. 拆卸曲轴轴承盖和固定螺栓	将曲轴轴承盖上的两个固定螺栓抽出一部分，夹紧曲轴轴承盖，拉出曲轴轴承盖 曲轴轴承盖数量：5 个 螺栓数量：10 个	
10. 测量曲轴径向间隙	使用塑料间隙规标尺对比曲轴轴颈上压扁后塑料间隙规的宽度，确定曲轴径向间隙 测量位置：5 个 填写曲轴径向间隙测量工单	
11. 清洁曲轴	使用干净抹布清洁曲轴轴颈上的塑料间隙规	
12. 整理测量工具	将未使用的塑料间隙规和塑料间隙规标尺放回原处	

（五）测量工单

曲轴径向间隙测量工单如表 3-9 所示。

表 3-9 曲轴径向间隙测量工单

班级		姓名		学号	
组号		发动机编号		记录日期	
大众 AWL 发动机曲轴径向间隙技术标准					
新曲轴径向间隙标准值		____ — ____ mm			
旧曲轴径向间隙标准值		____ — ____ mm			
曲轴径向间隙测量记录单					
曲轴轴颈		测量值			
轴颈 1		____ mm			
轴颈 2		____ mm			
轴颈 3		____ mm			
轴颈 4		____ mm			
轴颈 5		____ mm			
测量结论和处理意见：					

四、曲轴圆跳动测量

（一）任务准备

按照《大众汽车发动机构造与拆装》中的操作步骤和技术规范，拆卸发动机曲轴，以待检测。

（二）大众 AWL 发动机检测技术标准

曲轴圆跳动最大值：0.015mm。

（三）测量工具和耗材

曲轴圆跳动测量工具和耗材如表 3-10 所示。

表 3-10 曲轴圆跳动测量工具和耗材

序号	工具名称	工具实物图
1	百分表	

序号	工具名称	工具实物图
2	磁力表座	
3	测量平台	
4	V 型支架	
5	抹布	

（四）测量步骤

曲轴圆跳动测量步骤如表 3-11 所示。

表 3-11　曲轴圆跳动测量步骤

测量步骤	测量方法和技术规范	操作示范图
1. 固定曲轴	使用干净抹布清洁测量平台 使用 V 型支架将曲轴架在测量平台上，旋转曲轴，检查曲轴在 V 型支架上旋转是否平稳	
2. 清洁测量面	使用干净抹布清洁曲轴轴颈 曲轴轴颈数量：5 个	

38

测量步骤	测量方法和技术规范	操作示范图
3. 组装磁力表座和百分表	按测量角度组装磁力表座，将百分表安装在磁力表座上轻轻按压百分表测量头，检查百分表 使用干净抹布清洁百分表测量头	
4. 安装磁力百分表	将磁力表座放在测量位置，打开磁力开关（指针指向ON），使磁力表座吸附在测量平台上	
	调整磁力表座连杆，使百分表测量杆垂直接触曲轴轴颈，为保证百分表与曲轴轴颈接触良好，将百分表预压1.00mm左右 注意：百分表测量杆必须错开机油口位置，否则转动曲轴将损坏百分表	
5. 测量曲轴圆跳动	旋转曲轴一周，百分表指针摆动的最大差值，即曲轴轴颈的圆跳动值 抬高磁力表座连杆位置，关闭磁力百分表的磁力开关（指针指向OFF） 填写曲轴圆跳动测量工单	
	重复测量步骤4至测量步骤5，依次测量曲轴各轴颈圆跳动值，其中数值最大的圆跳动为该曲轴圆跳动最大值 填写曲轴圆跳动测量工单	

测量步骤	测量方法和技术规范	操作示范图
6. 拆解磁力百分表	将磁力百分表从测量平台上取下，拆解磁力百分表	
7. 清洁整理测量工具	使用干净抹布清洁百分表（重点清洁测量杆）和磁力表座 将清洁后的测量工具放回原处	

（五）测量工单

曲轴圆跳动测量工单如表 3-12 所示。

表 3-12　曲轴圆跳动测量工单

班级		姓名		学号	
组号		发动机编号		记录日期	
大众 AWL 发动机曲轴圆跳动技术标准					
曲轴圆跳动最大值			____mm		
曲轴圆跳动测量记录单					
曲轴轴颈			测量值		
轴颈 1			____mm		
轴颈 2			____mm		
轴颈 3			____mm		
轴颈 4			____mm		
轴颈 5			____mm		
曲轴圆跳动最大值			____mm		
测量结论和处理意见：					

【项目评价】

曲轴检修项目评价如表 3-13 所示。

表 3-13　曲轴检修项目评价表

评价内容	操作要求	配分	操作扣分标准	学生自评	小组互评	教师评价
曲轴磨损检测	了解曲轴轴颈标准尺寸和曲轴连杆轴颈标准尺寸	3	技术标准掌握错误，扣3分			
	选择正确的测量工具	5	选错测量工具，每个错误扣1分			
	测量步骤正确、规范	8	测量步骤错误，每个错误扣2分 操作不规范，每个错误扣2分			
	填写测量工单正确	5	每个错误扣1分			
曲轴轴向间隙测量	了解发动机曲轴轴向间隙标准值	3	技术标准掌握错误，扣3分			
	选择正确的检测工具	5	选错测量工具，每个错误扣1分			
	测量步骤正确、规范	8	测量步骤错误，每个错误扣2分 操作不规范，每个错误扣2分			
	填写测量工单正确	5	每个错误扣1分			
曲轴径向间隙测量	了解发动机曲轴径向间隙标准值	3	技术标准掌握错误，扣3分			
	选择正确的检测工具	5	选错测量工具，每个错误扣1分			
	测量步骤正确、规范	8	测量步骤错误，每个错误扣2分 操作不规范，每个错误扣2分			
	填写测量工单正确	5	每个错误扣1分			
曲轴圆跳动测量	了解发动机圆跳动最大值	3	技术标准掌握错误，扣3分			
	选择正确的检测工具	5	选错测量工具，每个错误扣1分			
	测量步骤正确、规范	8	测量步骤错误，每个错误扣2分 操作不规范，每个错误扣2分			
	填写测量工单正确	5	每个错误扣1分			

续表

评价内容	操作要求	配分	操作扣分标准	学生自评	小组互评	教师评价
安全文明操作	穿着整洁的工作服和安全鞋	5	工作服不整洁，扣1分 没有穿工作服，扣2分 没有穿安全鞋，扣2分			
	尊敬教师、组员	2	不尊敬教师，扣1分 不尊敬组员，扣1分			
	同组员协作完成任务	2	没有同组员协作完成任务，扣2分			
	操作过程达到大众6S标准	7	没有达到大众6S标准的操作，每个操作扣1分			
合计		100				

项目四　活塞连杆组检修

【项目导读】

活塞连杆组由活塞、活塞环、活塞销、连杆和连杆轴瓦等组成。活塞连杆组是发动机的传动件，它把燃烧气体的压力传给曲轴，使曲轴旋转并输出动力，以驱动汽车车轮转动。

活塞的作用是承受气缸中的气体压力并将此力通过活塞销传给连杆，连杆推动曲轴旋转。活塞顶部与气缸盖、气缸壁共同组成燃烧室。活塞在气缸中做变速运动，其较快的运动速度与工作环境中较高的压力也会加速活塞外表面的磨损，引起活塞变形。高速运动也会产生很大的惯性力，使曲柄连杆机构的各零件和轴承承受附加的载荷。

活塞环包括气环和油环。气环的作用是保证活塞与气缸壁间的密封，防止气缸中的高温、高压燃气大量进入曲轴箱，气环还将活塞顶部的大部分热量传给气缸壁，再由冷却液或空气带走。油环的作用是刮除气缸壁上多余的机油并在气缸壁面上均匀地涂布一层机油膜，这层机油膜既可以防止机油过多进入气缸燃烧，又可以减小活塞、活塞环与气缸壁的磨损。此外，油环还起到封气的作用。活塞环工作时受到气缸中高温、高压燃气的作用，导致自身温度升高，而高温下机油可能变质，使活塞环的润滑条件变差，难以实现液体润滑。活塞环在高温、高压、高速以及润滑困难的条件下工作，工作寿命是发动机所有零件中最短的。活塞环磨损到失效时，发动机将出现起动困难，功率不足，曲轴箱压力升高，机油消耗增大，排气冒蓝烟，燃烧室、活塞等表面严重积炭等不良状况。

连杆的作用是连接活塞和曲轴，把活塞的往复运动转变为曲轴的旋转运动，将活塞承受的力传递给曲轴。连杆承受活塞销传来的气体作用力、活塞组往复运动时的惯性力和连杆变速摆动而产生的惯性力矩。这些力和力矩的大小、方向都是周期性变化的。因此，连杆承受的载荷是压缩、拉伸和弯曲等交变载荷。

活塞连杆组检修是汽车发动机典型零件检修项目之一。活塞的常见损伤形式主要是活塞环槽的磨损、活塞销座孔的磨损与裂纹、活塞裙部的拉伤磨损以及活塞头烧蚀等。活塞环槽的磨损是活塞最大的磨损部位，其中第一道活塞环槽的磨损最为严重。活塞在高速往复运动中，由于气体压力作用，活塞环对活塞环槽的冲击力很大，加上高温的影响，造成活塞环槽的下平面磨损大，上平面磨损小，最终使活塞环槽呈现梯形形状。活塞环的常见损伤形式为活塞环的磨损、弹性减弱或折断等。活塞环开口间隙过大，会导致活塞密封性下降，影响发动机功率；活塞环开口间隙过小，会导致活塞环因受热膨胀而卡死活塞，引起气缸拉伤。连杆的常见损伤形式为连杆的变形与断裂、连杆轴承和连杆小头衬套的磨损、连杆螺栓损伤等。在发动机工作中，由于超负荷工作等原因而产生复杂的交变载荷，将会使连杆自身发生弯曲、扭曲等变形，严重时可导致连杆断裂。连杆的弯曲是指连杆小端轴线与连杆大端轴线在轴线平面内的平行度误差；连杆的扭曲是指连杆小端轴线与连杆大端轴线在轴线平面法向上的平面度误差。连杆变形将使活塞在气缸中歪斜运动，造成活塞与气缸、连杆轴承与连杆轴颈偏磨，对曲柄连杆机构的工作产生很大影响。

【学习目标】

1. 了解大众 AWL 发动机活塞标注直径和最大允许变形值。

2. 了解大众 AWL 发动机活塞环槽间隙标准值和磨损极限值。

3. 了解大众 AWL 发动机活塞环开口间隙标准值和磨损极限值。

4. 了解大众 AWL 发动机连杆轴向间隙标准值。

5. 了解大众 AWL 发动机连杆径向间隙标准值。

6. 掌握活塞直径的测量方法。

7. 掌握活塞环槽间隙的测量方法

8. 掌握活塞环开口间隙的测量方法。

9. 掌握连杆轴向间隙的测量方法。

10. 掌握连杆径向间隙的测量方法。

11. 掌握大众 AWL 发动机连杆的正确拆装方法。

12. 理解外径千分尺、厚薄规、磁力百分表和塑料间隙规的使用方法。

【项目实施】

一、活塞磨损检测

（一）任务准备

按照《大众汽车发动机构造与拆装》中的操作步骤和技术规范，拆卸发动机活塞，以待检测。

（二）大众 AWL 发动机检测技术标准

活塞标准直径：80.950mm。

活塞直径最大允许偏差值：0.04mm。

（三）检测工具和耗材

活塞磨损检测工具和耗材如表 4-1 所示。

表 4-1　活塞磨损检测工具和耗材

序号	工具名称	工具实物图
1	75—100mm 外径千分尺	
2	台虎钳	
3	抹布	

（四）检测步骤

活塞磨损检测步骤如表 4-2 所示。

表 4-2　活塞磨损检测步骤

检测步骤	检测方法和技术规范	操作图片
1. 固定并清洁外径千分尺	将 75—100mm 外径千分尺垫抹布固定在台虎钳上　使用干净抹布清洁 75—100mm 外径千分尺	
2. 校正外径千分尺	使用 75mm 校正杆校正 75—100mm 外径千分尺　将校正好的外径千分尺从台虎钳上取下	
3. 固定并清洁活塞连杆组	将活塞连杆组垫抹布固定在台虎钳上　使用干净抹布清洁活塞测量面	
4. 测量活塞直径	使用 75—100mm 外径千分尺测量活塞直径，测量位置距活塞下缘约 10mm 并与活塞销成 90°　填写活塞磨损检测工单	
	将测量后的活塞从台虎钳上取下　重复测量步骤 3 至步骤 4，依次检测 AWL 发动机的 4 个活塞	
5. 清洁整理测量工具	使用干净抹布清洁 75—100mm 外径千分尺　将清洁后的千分尺放回原处	

（五）测量工单

活塞磨损检测工单如表 4-3 所示。

表 4-3 活塞磨损检测工单

班级		姓名		学号	
组号		发动机编号		记录日期	
大众 AWL 发动机活塞磨损检测技术标准					
活塞标准直径			____ mm		
活塞直径最大允许偏差值			____ mm		
活塞直径测量记录单					
活塞			测量结果		
活塞 1			____ mm		
活塞 2			____ mm		
活塞 3			____ mm		
活塞 4			____ mm		
测量结论和处理意见：					

二、活塞环槽间隙测量

（一）任务准备

按照《大众汽车发动机构造与拆装》中的操作步骤和技术规范，拆卸发动机活塞，以待检测。

（二）大众 AWL 发动机检测技术标准

活塞环槽间隙技术标准如表 4-4 所示。

活塞环槽间隙技术标准

活塞环槽	新环间隙	磨损极限
第一道气环	0.06—0.09mm	0.20mm
第二道气环	0.05—0.08mm	0.20mm
第三道油环	0.03—0.06mm	0.15mm

（三）测量工具和耗材

活塞环槽间隙测量工具和耗材如表 4-5 所示。

表 4-5　活塞环槽间隙测量工具和耗材

序号	工具名称	工具实物图
1	厚薄规	
2	风枪	
3	台虎钳	
4	清洁剂	
5	抹布	

（四）测量步骤

活塞环槽间隙测量步骤如表 4-6 所示。

表 4-6　活塞环槽间隙测量步骤

测量步骤	测量方法和技术规范	操作示范图
1. 清洁活塞和活塞环槽	使用清洁剂清洁活塞和活塞环槽	
	使用风枪吹干活塞和活塞环槽	
2. 固定活塞连杆组件	将活塞连杆组件垫抹布固定在台虎钳上	
3. 检测第一道气环槽间隙	使用干净抹布清洁 0.02mm 和 0.04mm 厚薄规	
	使用 0.06mm（0.02mm+0.04mm）厚薄规测量第一道气环槽间隙。如果能够顺利插入或插入后阻力不大，说明第一道气环槽间隙大于等于最小标准值，达到技术标准；如果无法顺利插入或插入后阻力过大，说明第一道气环槽间隙小于最小标准值，达不到技术标准 填写活塞环槽间隙测量记录单	

测量步骤	测量方法和技术规范	操作示范图
3. 检测第一道气环槽间隙	使用干净抹布清洁使用后的 0.02mm 和 0.04mm 厚薄规	
	使用干净抹布清洁 0.20mm 厚薄规	
	使用 0.20mm 厚薄规测量第一道气环槽间隙。如果 0.20mm 厚薄规不能够插入或者有很大阻力才能插入，说明第一道气环槽间隙小于等于最大标准值，达到技术标准；如果顺利插入，说明第一道气环槽间隙大于最大标准值，达不到技术标准 填写活塞环槽间隙测量记录单	
	使用干净抹布清洁使用后的 0.20mm 厚薄规	

测量步骤	测量方法和技术规范	操作示范图
4.检测第二道气环槽间隙	使用干净抹布清洁0.05mm厚薄规	
	使用0.05mm厚薄规测量第二道气环槽间隙。如果0.05mm厚薄规能够顺利插入或插入后阻力不大，说明第二道气环槽间隙大于等于最小标准值，达到技术标准；如果无法顺利插入或插入后阻力过大，说明第二道气环槽间隙小于最小标准值，达不到技术标准 填写活塞环槽间隙测量记录单	
	使用干净抹布清洁使用后的0.05mm厚薄规	
	使用干净抹布清洁0.20mm厚薄规	

测量步骤	测量方法和技术规范	操作示范图
4. 检测第二道气环槽间隙	使用 0.20mm 厚薄规测量第二道气环槽间隙。如果 0.20mm 厚薄规不能够插入或者有很大阻力才能插入，说明第二道气环槽间隙小于等于最大标准值，达到技术标准；如果顺利插入，说明第二道气环槽间隙大于最大标准值，达不到技术标准 　　填写活塞环槽间隙测量记录单	
	使用干净抹布清洁使用后的 0.20mm 厚薄规	
5. 检测第三道油环槽间隙	使用干净抹布清洁 0.03mm 厚薄规	
	使用 0.03mm 厚薄规测量第三道油环槽间隙。如果 0.03mm 厚薄规能够顺利插入或插入后阻力不大，说明第三道油环槽间隙大于等于最小标准值，达到技术标准；如果无法顺利插入或插入后阻力过大，说明第三道油环槽间隙小于最小标准值，达不到技术标准 　　填写活塞环槽间隙测量记录单	

测量步骤	测量方法和技术规范	操作示范图
5. 检测第三道油环槽间隙	使用干净抹布清洁使用后的 0.03mm 厚薄规	
	使用干净抹布清洁 0.15mm 厚薄规	
	使用 0.15mm 厚薄规测量第三道油环槽间隙。如果 0.15mm 厚薄规不能够插入或者很大阻力才能插入，说明第三道油环槽间隙小于等于最大标准值，达到技术标准；如果顺利插入，说明第三道油环槽间隙大于最大标准值，达不到技术标准 填写活塞环槽间隙测量记录单	
	使用干净抹布清洁使用后的 0.15mm 厚薄规	

测量步骤	测量方法和技术规范	操作示范图
6. 拆卸活塞连杆组	将活塞连杆组从台虎钳上取下来	
7. 测量其他活塞的各活塞环槽间隙	重复测量步骤 1 至测量步骤 6，测量其他活塞的各活塞环槽间隙	—
8. 清洁整理测量工具	使用干净抹布清洁厚薄规 将清洁后的厚薄规放回原处	

（五）测量工单

活塞环槽间隙测量工单如表 4-7 所示。

表 4-7　活塞环槽间隙测量工单

班级		姓名		学号	
组号		发动机编号		记录日期	
大众 AWL 发动机活塞环槽间隙技术标准					
活塞环槽		**新环间隙**		**磨损极限**	
第一道气环		＿＿＿—＿＿＿mm			＿＿＿mm
第二道气环		＿＿＿—＿＿＿mm			＿＿＿mm
第三道油环		＿＿＿—＿＿＿mm			＿＿＿mm

活塞环槽间隙测量记录单		
活塞	活塞环	活塞环槽间隙 /mm
活塞 1	第一道气环	最小标准值 ＿＿＿＿ 第一道气环槽间隙 ＿＿＿＿ 最大磨损极限值 ＿＿＿＿
	第二道气环	最小标准值 ＿＿＿＿ 第一道气环槽间隙 ＿＿＿＿ 最大磨损极限值 ＿＿＿＿
	第三道油环	最小标准值 ＿＿＿＿ 第一道气环槽间隙 ＿＿＿＿ 最大磨损极限值 ＿＿＿＿
活塞 2	第一道气环	最小标准值 ＿＿＿＿ 第一道气环槽间隙 ＿＿＿＿ 最大磨损极限值 ＿＿＿＿
	第二道气环	最小标准值 ＿＿＿＿ 第一道气环槽间隙 ＿＿＿＿ 最大磨损极限值 ＿＿＿＿
	第三道油环	最小标准值 ＿＿＿＿ 第一道气环槽间隙 ＿＿＿＿ 最大磨损极限值 ＿＿＿＿
活塞 3	第一道气环	最小标准值 ＿＿＿＿ 第一道气环槽间隙 ＿＿＿＿ 最大磨损极限值 ＿＿＿＿
	第二道气环	最小标准值 ＿＿＿＿ 第一道气环槽间隙 ＿＿＿＿ 最大磨损极限值 ＿＿＿＿
	第三道油环	最小标准值 ＿＿＿＿ 第一道气环槽间隙 ＿＿＿＿ 最大磨损极限值 ＿＿＿＿
活塞 4	第一道气环	最小标准值 ＿＿＿＿ 第一道气环槽间隙 ＿＿＿＿ 最大磨损极限值 ＿＿＿＿
	第二道气环	最小标准值 ＿＿＿＿ 第一道气环槽间隙 ＿＿＿＿ 最大磨损极限值 ＿＿＿＿
	第三道油环	最小标准值 ＿＿＿＿ 第一道气环槽间隙 ＿＿＿＿ 最大磨损极限值 ＿＿＿＿

三、活塞环开口间隙测量

（一）任务准备

按照《大众汽车发动机构造与拆装》中的操作步骤和技术规范，拆卸发动机活塞，以待检测。

（二）大众 AWL 发动机检测技术标准

活塞环开口间隙技术标准如表 4-8 所示。

表 4-8　活塞环开口间隙技术标准

活塞环	新环开口间隙	开口间隙磨损极限
第一道气环	0.20— 0.40mm	0.80mm
第二道气环	0.20— 0.40mm	0.80mm
第三道油环	0.25— 0.50mm	0.80mm

（三）测量工具和耗材

活塞环开口间隙测量工具和耗材如表 4-9 所示。

表 4-9　活塞环开口间隙测量工具和耗材

序号	工具名称	工具实物图
1	厚薄规	
2	抹布	

（四）测量步骤

活塞环开口间隙测量步骤如表 4-10 所示。

表 4-10　活塞环开口间隙测量步骤

测量步骤	测量方法和技术规范	操作示范图
1. 清洁气缸和活塞环	使用干净抹布清洁气缸和活塞环	
2. 安装第一道气环	将第一道气环倾斜放入气缸内	
	使用不带活塞环的活塞，将第一道气环垂直推入气缸内，使气环位置距气缸边缘约 15mm	
3. 测量第一道气环开口间隙	使用干净抹布清洁 0.20mm 和 0.80mm 厚薄规	
	使用 0.20mm 厚薄规插入第一道气环开口中，如果能够顺利插入或插入时阻力很大，说明第一道气环开口间隙大于等于最小标准值，达到技术标准；如果无法插入，说明第一道气环开口间隙小于最小标准值，达不到技术标准 填写活塞环开口间隙测量记录单	
	使用 0.80mm 厚薄规插入第一道气环开口中，如果不能够插入或者插入阻力很大，说明第一道气环开口间隙小于等于最大磨损极限值，达到技术标准；如果能够顺利插入，说明第一道气环开口间隙大于最小标准值，达不到技术标准 填写活塞环开口间隙测量记录单	

测量步骤	测量方法和技术规范	操作示范图
3. 测量第一道气环开口间隙	用干净抹布清洁使用过的厚薄规	
4. 拆卸第一道气环	用手取出第一道气环	
5. 安装第二道气环	将第二道气环倾斜放入气缸内	
	使用不带活塞环的活塞，将第二道气环垂直推入气缸内，使气环位置距气缸边缘约15mm	
6. 测量第二道气环开口间隙	使用干净抹布清洁0.20mm和0.80mm厚薄规	
	使用0.20mm厚薄规插入第二道气环开口中，如果能够顺利插入或插入时阻力很大，说明第二道气环开口间隙大于等于最小标准值，达到技术标准；如果无法插入，说明第二道气环开口间隙小于最小标准值，达不到技术标准 填写活塞环开口间隙测量记录单	

测量步骤	测量方法和技术规范	操作示范图
6. 测量第二道气环开口间隙	使用 0.80mm 厚薄规插入第二道气环开口中，如果不能够插入或者插入阻力很大，说明第二道气环开口间隙小于等于最大磨损极限值，达到技术标准；如果能够顺利插入，说明第二道气环开口间隙大于最小标准值，达不到技术标准 填写活塞环开口间隙测量记录单	
	用干净抹布清洁使用过的厚薄规	
7. 拆卸第二道气环	用手取出第二道气环	
8. 安装第三道油环	将第三道油环倾斜放入气缸内	
	使用不带活塞环的活塞，将第三道油环垂直推入气缸内，使油环位置距气缸边缘约 15mm	
9. 测量第三道油环开口间隙	使用干净抹布清洁 0.25mm 和 0.80mm 厚薄规	

测量步骤	测量方法和技术规范	操作示范图
9.测量第三道油环开口间隙	使用0.25mm厚薄规插入第三道油环开口中,如果能够顺利插入或插入时阻力很大,说明第三道油环开口间隙大于等于最小标准值,达到技术标准;如果无法插入,说明第三道油环开口间隙小于最小标准值,达不到技术标准 填写活塞环开口间隙测量记录单	
	使用0.80mm厚薄规插入第三道油环开口中,如果不能够插入或者插入阻力很大,说明第三道油环开口间隙小于等于最大磨损极限值,达到技术标准;如果能够顺利插入,说明第三道油环开口间隙大于最小标准值,达不到技术标准 填写活塞环开口间隙测量记录单	
	用干净抹布清洁使用的厚薄规	
10.拆卸第三道油环	使用手取出第三道油环	
11.测量其他活塞的各活塞环开口间隙	重复测量步骤2至测量步骤10,测量其他活塞的各活塞环开口间隙	

（五）测量工单

活塞环开口间隙测量工单如表 4-11 所示。

表 4-11　活塞环开口间隙检测工单

班级		姓名		学号	
组号		发动机编号		记录日期	
大众 AWL 发动机活塞环开口间隙技术标准					
活塞环		新环开口间隙		开口间隙磨损极限	
第一道气环		＿＿＿—＿＿＿mm		＿＿＿mm	
第二道气环		＿＿＿—＿＿＿mm		＿＿＿mm	
第三道油环		＿＿＿—＿＿＿mm		＿＿＿mm	
活塞环开口间隙测量记录单					
活塞	活塞环	活塞环开口间隙			
活塞一	第一道气环	最小标准值 ＿＿＿mm 第一道气环开口间隙 ＿＿＿mm 最大磨损极限值 ＿＿＿mm			
	第二道气环	最小标准值 ＿＿＿mm 第二道气环开口间隙 ＿＿＿mm 最大磨损极限值 ＿＿＿mm			
	第三道油环	最小标准值 ＿＿＿mm 第三道油环开口间隙 ＿＿＿mm 最大磨损极限值 ＿＿＿mm			
活塞二	第一道气环	最小标准值 ＿＿＿mm 第一道气环开口间隙 ＿＿＿mm 最大磨损极限值 ＿＿＿mm			
	第二道气环	最小标准值 ＿＿＿mm 第二道气环开口间隙 ＿＿＿mm 最大磨损极限值 ＿＿＿mm			
	第三道油环	最小标准值 ＿＿＿mm 第三道油环开口间隙 ＿＿＿mm 最大磨损极限值 ＿＿＿mm			

活塞三	第一道气环	最小标准值 ＿＿＿mm 第一道气环开口间隙 ＿＿＿mm 最大磨损极限值 ＿＿＿mm
	第二道气环	最小标准值 ＿＿＿mm 第二道气环开口间隙 ＿＿＿mm 最大磨损极限值 ＿＿＿mm
	第三道油环	最小标准值 ＿＿＿mm 第三道油环开口间隙 ＿＿＿mm 最大磨损极限值 ＿＿＿mm
活塞四	第一道气环	最小标准值 ＿＿＿mm 第一道气环开口间隙 ＿＿＿mm 最大磨损极限值 ＿＿＿mm
	第二道气环	最小标准值 ＿＿＿mm 第二道气环开口间隙 ＿＿＿mm 最大磨损极限值 ＿＿＿mm
	第三道油环	最小标准值 ＿＿＿mm 第三道油环开口间隙 ＿＿＿mm 最大磨损极限值 ＿＿＿mm
测量结论和处理意见：		

四、连杆轴向间隙测量

（一）任务准备

按照《大众汽车发动机构造与拆装》中的操作步骤和技术规范，拆卸发动机连杆，以待检测。

（二）大众 AWL 发动机检测技术标准

新连杆轴向间隙标准值：0.10—0.35mm。

旧连杆轴向间隙标准值：0.10—0.40mm。

（三）测量工具和耗材

连杆轴向间隙测量工具和耗材如表4-12所示。

表 4-12　连杆轴向间隙测量工具和耗材

序号	工具名称	工具实物图
1	百分表	
2	磁力表座	
3	抹布	

（四）测量步骤

连杆轴向间隙测量步骤如表 4-13 所示。

表 4-13　连杆轴向间隙测量步骤

测量步骤	测量方法和技术规范	操作示范图
1. 组装磁力表座和百分表	按测量角度组装磁力表座，将百分表安装在磁力表座上 轻轻按压百分表测量头，检查百分表 使用干净抹布清洁百分表测量头	
2. 清洁测量面	使用干净抹布清洁连杆轴承盖测量端面和磁力表座安装位置	
3. 安装磁力百分表	将磁力表座放在安装位置上，打开磁力开关（指针指向 ON），使磁力表座吸附在气缸体上	

测量步骤	测量方法和技术规范	操作示范图
3. 安装磁力百分表	调整磁力表座连杆位置，使百分表垂直于连杆轴承盖测量端面	
	为保证百分表与连杆轴承盖端面接触良好，将百分表预压 1.00mm 左右 调整百分表表盘，将百分表指针归零	
4. 测量连杆轴向间隙	用手在连杆轴向方向前后用力扳动连杆，百分表指针随着手的前后扳动在 0 刻度左右摆动。读出最大正值和最小负值，最大正值和最小负值的绝对值之和，即连杆轴向间隙最大值 填写连杆轴向间隙测量工单	
5. 拆卸磁力百分表	关闭磁力百分表的磁力开关（指针指向 OFF），将磁力百分表从气缸体上取下 注意：关闭磁力开关时，手要固定磁力百分表，防止其掉落损坏	
6. 测量其他连杆的轴向间隙	重复测量步骤3至步骤5，测量其他连杆的轴向间隙	—

测量步骤	测量方法和技术规范	操作示范图
7.拆解磁力百分表	将百分表从磁力表座上拆下，分解磁力表座	
8.清洁整理测量工具	使用干净抹布清洁百分表和磁力表座 将清洁后的百分表和磁力表座放回原处	

（五）测量工单

连杆轴向间隙测量工单如表4-14所示。

表4-14　连杆轴向间隙测量工单

班级		姓名		学号	
组号		发动机编号		记录日期	
大众 AWL 发动机连杆轴向间隙技术标准					
新连杆轴向间隙标准值			＿＿＿—＿＿＿ mm		
旧连杆轴向间隙标准值			＿＿＿—＿＿＿ mm		
连杆轴向间隙测量记录单					
连杆		百分表读数		数值	
连杆1		最大正值		＿＿＿mm	
		最小负值		＿＿＿mm	
		曲轴轴向间隙最大值＝｜最大正值｜＋｜最小负值｜		＿＿＿mm	
连杆2		最大正值		＿＿＿mm	
		最小负值		＿＿＿mm	
		曲轴轴向间隙最大值＝｜最大正值｜＋｜最小负值｜		＿＿＿mm	

连杆 3	最大正值	＿＿＿mm
	最小负值	＿＿＿mm
	曲轴轴向间隙最大值 ＝ ｜最大正值｜ ＋ ｜最小负值｜	＿＿＿mm
连杆 4	最大正值	＿＿＿mm
	最小负值	＿＿＿mm
	曲轴轴向间隙最大值 ＝ ｜最大正值｜ ＋ ｜最小负值｜	＿＿＿mm
测量结论和处理意见：		

五、连杆径向间隙测量

（一）任务准备

按照《大众汽车发动机构造与拆装》中的操作步骤和技术规范，拆卸发动机连杆，以待检测。

（二）大众 AWL 发动机检测技术标准

新曲轴径向间隙标准值：0.02— 0.04mm。

旧曲轴径向间隙标准值：0.02— 0.12mm。

（三）测量工具和耗材

连杆径向间隙测量如表 4-15 所示。

表 4-15　连杆径向间隙测量工具和耗材

序号	工具名称	工具实物图
1	塑料间隙规	
2	19mm 套筒	

序号	工具名称	工具实物图
3	扭力扳手	
4	E10 套筒	
5	棘轮扳手	
6	橡胶锤	
7	抹布	

（四）测量步骤

连杆径向间隙测量步骤如表 4-16 所示。

表 4-16　连杆径向间隙测量步骤

测量步骤	测量方法和技术规范	操作示范图
1. 清洁安装面和安装件	使用干净抹布清洁连杆轴颈	
	使用干净抹布清洁连杆，重点清洁连杆轴颈和连杆上轴瓦	
	使用干净抹布清洁连杆轴承盖、连杆下轴瓦和连杆轴承盖固定螺栓	
2. 安装连杆上轴瓦	将连杆上轴瓦一端装入连杆中间位置，再将另一端压入，使上轴瓦两端与连杆两端齐平 注意： ①使用过的连杆上轴瓦不可互换安装 ②安装后应检查连杆上轴瓦两端面是否与连杆两端齐平，连杆上轴瓦油道口是否与连杆油道口对正 连杆上轴瓦数量：4个	

测量步骤	测量方法和技术规范	操作示范图
3. 安装连杆下轴瓦	将连杆下轴瓦一端装入连杆轴承盖中间位置，再将另一端压入，使下轴瓦两端与连杆轴承盖两端齐平 注意： ①使用过的连杆下轴瓦不可互换安装 ②安装后应检查连杆下轴瓦两端面是否与连杆两端齐平 连杆下轴瓦数量：4个	
4. 安装1缸活塞连杆组	用双手调整活塞连杆组角度，使连杆上的凸起标记朝向曲轴正时皮带轮方向且活塞销与曲轴处于平行位置。将活塞连杆组推入1缸安装位置，使用橡胶锤顶住活塞，使连杆组上轴瓦时刻紧贴曲轴连杆轴颈，同时使用19mm花型套筒和棘轮扳手旋转曲轴，将1缸活塞调整至下止点位置 注意：安装活塞连杆组时，活塞无须安装活塞环	
5. 安装塑料间隙规	截取曲轴连杆轴颈宽度的塑料间隙规放置在曲轴连杆轴颈上	

测量步骤	测量方法和技术规范	操作示范图
6. 安装 1 缸连杆轴承盖	使用橡胶锤顶住活塞，将 1 缸连杆轴承盖上的凸起标记朝向曲轴正时皮带轮方向，装入安装位置。旋入连杆轴承盖固定螺栓 螺栓数量：2 个 注意： ①连杆轴承盖不可互换安装 ②安装连杆轴承盖时，防止安装好的塑料间隙规移动位置 ③安装过程禁止转动曲轴	
7. 紧固 1 缸连杆轴承盖固定螺栓	使用 E10 套筒和扭力扳手，分 3 次紧固连杆轴承盖固定螺栓 连杆轴承盖固定螺栓紧固扭矩：30N·m 螺栓数量：2 个 注意：紧固连杆轴承盖固定螺栓时，禁止转动曲轴	
8. 旋松 1 缸连杆轴承盖固定螺栓	使用 E10 套筒和棘轮扭力扳手，分两次旋松连杆轴承盖固定螺栓 螺栓数量：2 个	
9. 拆卸 1 缸活塞连杆组	将连杆轴承盖上的两个固定螺栓抽出一部分，夹紧连杆轴承盖，然后拉出连杆轴承盖 螺栓数量：2 个	

测量步骤	测量方法和技术规范	操作示范图
9. 拆卸 1 缸活塞连杆组	使用橡胶锤推出连杆，同时用手在另一边接住活塞	
10. 测量连杆径向间隙	使用塑料间隙规标尺对比连杆轴颈上压扁后的塑料间隙规宽度，确定连杆径向间隙填写连杆径向间隙测量工单	
11. 清洁连杆轴颈	使用干净抹布清洁曲轴连杆轴颈上的塑料间隙规	
12. 测量 2 缸、3 缸和 4 缸连杆径向间隙	重复测量步骤 4 至测量步骤 11，依次测量 2 缸、3 缸和 4 缸连杆径向间隙	—
13. 整理测量工具	将未使用的塑料间隙规和塑料间隙规标尺放回原处	

（五）测量工单

连杆径向间隙测量工单如表 4-17 所示。

表 4-17　连杆径向间隙测量工单

班级		姓名		学号	
组号		发动机编号		记录日期	
大众 AWL 发动机连杆径向间隙技术标准					
新连杆径向间隙标准值		____ － ____mm			
旧连杆径向间隙标准值		____ － ____mm			
连杆径向间隙测量记录单					
连杆		径向间隙测量值			
1 缸		____mm			
2 缸		____mm			
3 缸		____mm			
4 缸		____mm			
测量结论和处理意见：					

【项目评价】

活塞连杆组检修项目评价如表 4-18 所示。

表 4-18　活塞连杆组检修项目评价表

评价内容	操作要求	配分	操作扣分标准	学生自评	小组互评	教师评价
活塞磨损检测	掌握活塞直径标准尺寸和活塞直径最大允许偏差值	3	技术标准掌握错误，扣 3 分			
	选择正确的测量工具	3	选错测量工具，每个错误扣 1 分			
	测量步骤正确、规范	8	测量步骤错误，每个错误扣 2 分 操作不规范，每个错误扣 2 分			
	填写测量工单正确	3	每个错误扣 1 分			

评价内容	操作要求	配分	操作扣分标准	学生自评	小组互评	教师评价
活塞环槽间隙测量	掌握活塞环槽间隙标准值	3	技术标准掌握错误，扣3分			
	选择正确的检测工具	3	选错测量工具，每个错误扣1分			
	测量步骤正确、规范	8	测量步骤错误，每个错误扣2分 操作不规范，每个错误扣2分			
	填写测量工单正确	3	每个错误扣1分			
活塞环开口间隙测量	掌握活塞环开口间隙标准值	3	技术标准掌握错误，扣3分			
	选择正确的检测工具	3	选错测量工具，每个错误扣1分			
	测量步骤正确、规范	8	测量步骤错误，每个错误扣2分 操作不规范，每个错误扣2分			
	填写测量工单正确	3	每个错误扣1分			
连杆轴向间隙测量	掌握连杆轴向间隙标准值	3	技术标准掌握错误，扣3分			
	选择正确的检测工具	3	选错测量工具，每个错误扣1分			
	测量步骤正确、规范	8	测量步骤错误，每个错误扣2分 操作不规范，每个错误扣2分			
	填写测量工单正确	3	每个错误扣1分			
连杆径向间隙测量	掌握连杆径向间隙标准值	3	技术标准掌握错误，扣3分			
	选择正确的检测工具	3	选错测量工具，每个错误扣1分			
	测量步骤正确、规范	8	测量步骤错误，每个错误扣2分 操作不规范，每个错误扣2分			
	填写测量工单正确	3	每个错误扣1分			

评价内容	操作要求	配分	操作扣分标准	学生自评	小组互评	教师评价
安全文明操作	穿着整洁的工作服和安全鞋	5	工作服不整洁，扣 1 分 没有穿工作服，扣 2 分 没有穿安全鞋，扣 2 分			
	尊敬教师、组员	2	不尊敬教师，扣 1 分 不尊敬组员，扣 1 分			
	同组员协作完成任务	2	没有同组员协作完成任务，扣 2 分			
	操作过程达到大众 6S 标准	6	没有达到大众 6S 标准的操作，每个操作扣 1 分			
合计		100				

项目五　凸轮轴检修

【项目导读】

凸轮轴检修是汽车发动机典型零件检修项目之一。凸轮轴是发动机的重要零件，它的主体是一根与气缸组长度相似的圆柱形棒体，棒体上面套有若干个凸轮，用于驱动气门。凸轮轴的作用是控制气门的开启和闭合动作，保证气缸充分的进气和排气。凸轮轴工作时，转速很高，自身需要承受很大的扭矩。凸轮轴上的凸轮侧面为鸡蛋形，可保证其运转的平顺性，开闭气门的动作也可减小冲击力，减小凸轮轴磨损，降低其运转时的噪声，延长其使用寿命。

凸轮轴的主要损坏形式有凸轮轴异常磨损、弯曲以及断裂等。凸轮轴运转时，如果润滑油供给不足无法在凸轮轴间隙中形成油膜，将造成凸轮轴异常磨损。凸轮轴发生异常磨损后，将导致凸轮轴与轴承座之间的间隙过大，凸轮轴运转时将发生轴向位移，影响发动机运转的平顺性并产生异响。凸轮轴异常磨损还会导致凸轮与液压挺杆之间的间隙过大，造成凸轮与液压挺杆接触时发生撞击，产生异响。

凸轮轴发生断裂等严重故障，将造成发动机无法工作，同时损坏发动机其他零件。凸轮轴发生断裂的原因有液压挺杆碎裂或严重磨损、严重的涟滑不良、凸轮轴质量不合格、凸轮轴正时齿轮破裂等。

不规范的维修也可能造成凸轮轴损坏，如拆卸凸轮轴轴承盖时用锤子强力敲击或用改锥插压；安装轴承盖时将安装位置装错，导致轴承盖与轴承座不匹配；紧固轴承盖固定螺栓力矩过大等。

【学习目标】

1. 了解进、排气凸轮轴轴向间隙最大值。
2. 了解进、排气凸轮轴径向间隙最大值。

3. 了解进、排气凸轮圆跳动最大值。

4. 理解百分表、磁力表座和塑料间隙规的使用方法。

5. 掌握进、排气凸轮轴轴向间隙的测量方法。

6. 掌握进、排气凸轮轴径向间隙的测量方法。

7. 掌握进、排气凸轮轴圆跳动的测量方法。

8. 掌握进、排气凸轮轴的正确拆装方法。

【项目实施】

一、凸轮轴轴向间隙测量

（一）任务准备

按照《大众汽车发动机构造与拆装》中的操作步骤和技术规范，拆卸发动机进、排气凸轮轴，以待检测。

（二）大众 AWL 发动机检测技术标准

排气凸轮轴轴向间隙最大值：0.20mm。

进气凸轮轴轴向间隙最大值：0.20mm。

（三）测量工具和耗材

凸轮轴轴向间隙测量工具和耗材如表 5-1 所示。

表 5-1 凸轮轴轴向间隙测量工具

序号	工具名称	工具实物图
1	T30 套筒	
2	扭力扳手	

序号	工具名称	工具实物图
3	棘轮扳手	
4	百分表	
5	VW387 百分表支架	
6	一字螺丝刀	
7	10mm 开口扳手	
8	抹布	
9	胶带	

（四）测量步骤

凸轮轴轴向间隙测量步骤如表 5-2 所示。

表 5-2 凸轮轴轴向间隙测量步骤

测量步骤	测量方法和技术规范	操作示范图
1. 清洁安装零件和安装位置	使用干净抹布清洁进凸轮轴、排气凸轮轴、进气凸轮轴轴承盖、排气凸轮轴轴承盖和凸轮轴轴承盖固定螺栓	
	使用干净抹布清洁气缸盖上进、排气凸轮轴的安装位置	
2. 安装进、排气凸轮轴	用双手将进、排气凸轮轴放入安装位置	
3. 安装进、排气凸轮轴轴承盖	用双手将进、排气凸轮轴轴承盖，按照轴承盖上的位置标记放入相应安装位置，旋入轴承盖固定螺栓 凸轮轴轴承盖安装位置如右图所示 轴承盖数量：11 个 螺栓数量：32 个	
	注意：安装进、排气凸轮轴轴承盖时，轴承盖上的三角方向，如右图所示	

测量步骤	测量方法和技术规范	操作示范图
4. 紧固进、排气凸轮轴第 2 道和第 4 道轴承盖固定螺栓	使用 T30 套筒和扭力扳手交叉分多次紧固进、排气凸轮轴第 2 道和第 4 道轴承盖固定螺栓 进、排气凸轮轴第 2 道和第 4 道轴承盖固定螺栓紧固扭矩：10N·m 螺栓数量：12 个	
5. 紧固进、排气凸轮轴链轮旁的两个轴承盖固定螺栓	使用 T30 套筒和扭力扳手交叉分多次紧固进、排气凸轮轴链轮旁的两个轴承盖固定螺栓 进、排气凸轮轴链轮旁的两个轴承盖固定螺栓紧固扭矩：10N·m 螺栓数量：4 个	
6. 紧固双轴承盖固定螺栓	使用 T30 套筒和扭力扳手交叉分多次紧固双轴承盖固定螺栓 双轴承盖固定螺栓紧固扭矩：10N·m 螺栓数量：4 个	
7. 紧固进、排气凸轮轴第 1 道和第 3 道轴承盖固定螺栓	使用 T30 套筒和扭力扳手交叉分多次紧固进、排气凸轮轴第 1 道和第 3 道轴承盖固定螺栓 进、排气凸轮轴第 1 道和第 3 道轴承盖固定螺栓紧固扭矩：10N·m 螺栓数量：12 个	

测量步骤	测量方法和技术规范	操作示范图
8. 清洁测量端面	使用干净抹布清洁进、排气凸轮轴测量端面	
9. 组装百分表和支架	用双手组装 VW387 百分表支架，安装百分表按压百分表测量头，检查百分表	
10. 安装百分表支架	将 VW387 百分表支架安装在气缸盖上，旋入固定螺栓和螺栓垫片使用 10mm 开口扳手紧固固定螺栓	
11. 测量排气凸轮轴轴向间隙	调整 VW387 百分表支架的连杆位置，使百分表垂直于排气凸轮轴测量端面	
	为保证百分表与排气凸轮轴测量端面接触良好，将百分表预压 1.00mm 左右调整百分表表盘，将百分表指针归零	

测量步骤	测量方法和技术规范	操作示范图
11. 测量排气凸轮轴轴向间隙	使用头部裹有胶带的一字螺丝刀，在排气凸轮轴轴向方向前后撬动凸轮轴，百分表指针随着螺丝刀前后撬动在0刻度左右摆动。读出最大正值和最小负值，最大正值和最小负值的绝对值之和，即排气凸轮轴轴向间隙最大值 填写凸轮轴轴向间隙测量工单	
12. 测量进气凸轮轴轴向间隙	调整VW387百分表支架的连杆位置，使百分表垂直于进气凸轮轴测量端面	
	为保证百分表与进气凸轮轴测量端面接触良好，将百分表预压1.00mm左右 调整百分表表盘，将百分表指针归零	

测量步骤	测量方法和技术规范	操作示范图
12. 测量进气凸轮轴轴向间隙	使用头部裹有胶带的一字螺丝刀，在进气凸轮轴轴向方向前后撬动凸轮轴，百分表指针随着螺丝刀前后撬动，在0刻度左右摆动。读出最大正值和最小负值，最大正值和最小负值的绝对值之和，即进气凸轮轴轴向间隙最大值 填写凸轮轴轴向间隙测量工单	
13. 拆卸百分表	使用 10mm 开口扳手旋松 VW387 百分表支架固定螺栓，旋出固定螺栓和螺栓垫片，拆卸百分表支架	
14. 分解百分表	用双手分解 VW387 百分表支架和百分表	

测量步骤	测量方法和技术规范	操作示范图
15. 清洁整理测量工具	使用干净抹布清洁百分表将清洁后的百分表和百分表支架放回原处	
16. 拆卸进、排气凸轮轴第 1 道和第 3 道轴承盖固定螺栓	使用 T30 套筒和棘轮扳手交叉分多次旋松进、排气凸轮轴第 1 道和第 3 道轴承盖固定螺栓 用手旋出固定螺栓 螺栓数量：12 个	
17. 拆卸双轴承盖固定螺栓	使用 T30 套筒和棘轮扳手交叉分多次旋松双轴承盖固定螺栓 用手旋出固定螺栓 螺栓数量：4 个	
18. 拆卸双轴承盖	用双手取下双轴承盖	
19. 拆卸进、排气凸轮轴链轮旁的两个轴承盖固定螺栓	使用 T30 套筒和棘轮扳手交叉分多次旋松进、排气凸轮轴链轮旁的两个轴承盖固定螺栓 用手旋出固定螺栓 螺栓数量：4 个	

测量步骤	测量方法和技术规范	操作示范图
20. 拆卸进、排气凸轮轴链轮旁的两个轴承盖	用双手取下进、排气凸轮轴链轮旁的两个轴承盖	
21. 拆卸进、排气凸轮轴第 2 道和第 4 道轴承盖固定螺栓	使用 T30 套筒和棘轮扳手交叉分多次旋松进、排气凸轮轴第 2 道和第 4 道轴承盖固定螺栓 用手旋出固定螺栓 螺栓数量：12 个	

（五）测量工单

凸轮轴轴向间隙测量工单如表 5-3 所示。

表 5-3　凸轮轴轴向间隙测量工单

班级		姓名		学号	
组号		发动机编号		记录日期	
大众 AWL 发动机凸轮轴轴向间隙技术标准					
排气凸轮轴轴向间隙最大值				____ mm	
进气凸轮轴轴向间隙最大值				____ mm	
凸轮轴轴向间隙测量记录单					
凸轮轴	百分表读数			数值	
排气凸轮轴	最大正值			____ mm	
	最小负值			____ mm	
	排气凸轮轴轴向间隙最大值 =｜最大正值｜+｜最小负值｜			____ mm	
进气凸轮轴	最大正值			____ mm	
	最小负值			____ mm	
	进气凸轮轴轴向间隙最大值 =｜最大正值｜+｜最小负值｜			____ mm	
测量结论和处理意见：					

二、凸轮轴径向间隙测量

（一）任务准备

按照《大众汽车发动机构造与拆装》中的操作步骤和技术规范，拆卸发动机进、排气凸轮轴。检测凸轮轴径向间隙时，不安装液压挺杆。

（二）大众 AWL 发动机检测技术标准

进气凸轮轴径向间隙最大值：0.10mm。

排气凸轮轴径向间隙最大值：0.10mm。

（三）测量工具和耗材

凸轮轴径向间隙测量工具和耗材。

表 5-4 凸轮轴径向间隙测量工具和耗材

序号	工具名称	工具实物图
1	T30 套筒	
2	扭力扳手	
3	棘轮扳手	
4	塑料间隙规	
5	抹布	

（四）测量步骤

凸轮轴径向间隙测量步骤如表 5-5 所示。

表 5-5　凸轮轴径向间隙测量步骤

测量步骤	测量方法和技术规范	操作示范图
1. 清洁安装零件和安装位置	使用干净抹布清洁进气凸轮轴、排气凸轮轴、进气凸轮轴轴承盖、排气凸轮轴轴承盖和凸轮轴轴承盖固定螺栓	
	使用干净抹布清洁气缸盖上进、排气凸轮轴的安装位置	
2. 安装进、排气凸轮轴	用双手将进、排气凸轮轴放入安装位置	
3. 安装塑料间隙规	截取凸轮轴轴颈宽度的塑料间隙规放置在凸轮轴轴颈上 排气凸轮轴安装塑料间隙规数量：6 个 进气凸轮轴安装塑料间隙规数量：10 个	
4. 安装进、排气凸轮轴轴承盖	用双手将进、排气凸轮轴轴承盖按照轴承盖上的位置标记，放入相应安装位置，旋入轴承盖固定螺栓 进、排气凸轮轴轴承盖安装位置如右图所示 轴承盖数量：11 个 螺栓数量：32 个	

测量步骤	测量方法和技术规范	操作示范图
4. 安装进、排气凸轮轴轴承盖	注意： ①安装进、排气凸轮轴轴承盖时，轴承盖上的三角方向，如右图所示 ②安装进、排气凸轮轴轴承盖时，防止安装好的塑料间隙规移动位置	
5. 紧固进、排气凸轮轴第2道和第4道轴承盖固定螺栓	使用 T30 套筒和扭力扳手交叉分多次紧固进、排气凸轮轴第2道和第4道轴承盖固定螺栓 进、排气凸轮轴第2道和第4道轴承盖固定螺栓紧固扭矩：10N·m 螺栓数量：12个	
6. 紧固进、排气凸轮轴链轮旁的2个轴承盖固定螺栓	使用 T30 套筒和扭力扳手交叉分多次紧固进、排气凸轮轴链轮旁的两个轴承盖固定螺栓 进、排气凸轮轴链轮旁的两个轴承盖固定螺栓紧固扭矩：10N·m 螺栓数量：4个	
7. 紧固双轴承盖固定螺栓	使用 T30 套筒和扭力扳手交叉分多次紧固双轴承盖固定螺栓 双轴承盖固定螺栓紧固扭矩：10N·m 螺栓数量：4个	

测量步骤	测量方法和技术规范	操作示范图
8. 紧固进、排气凸轮轴第 1 道和第 3 道轴承盖固定螺栓	使用 T30 套筒和扭力扳手交叉分多次紧固进、排气凸轮轴第 1 道和第 3 道轴承盖固定螺栓 进、排气凸轮轴第 1 道和第 3 道轴承盖固定螺栓紧固扭矩：10N·m 螺栓数量：12 个	
9. 拆卸进、排气凸轮轴第 1 道和第 3 道轴承盖固定螺栓	使用 T30 套筒和棘轮扳手交叉分多次旋松进、排气凸轮轴第 1 道和第 3 道轴承盖固定螺栓 用手旋出固定螺栓 螺栓数量：12 个	
10. 拆卸双轴承盖固定螺栓	使用 T30 套筒和棘轮扳手交叉分多次旋松双轴承盖固定螺栓 用手旋出固定螺栓 螺栓数量：4 个	
11. 拆卸双轴承盖	用双手取下双轴承盖	
12. 拆卸进、排气凸轮轴链轮旁的两个轴承盖固定螺栓	使用 T30 套筒和棘轮扳手交叉分多次旋松进、排气凸轮轴链轮旁的两个轴承盖固定螺栓 用手旋出固定螺栓 螺栓数量：4 个	

测量步骤	测量方法和技术规范	操作示范图
13. 拆卸进、排气凸轮轴链轮旁的两个轴承盖	用双手取下进、排气凸轮轴链轮旁的两个轴承盖	
14. 拆卸进、排气凸轮轴第2道和第4道轴承盖固定螺栓	使用 T30 套筒和棘轮扳手交叉分多次旋松进、排气凸轮轴第2道和第4道轴承盖固定螺栓用手旋出固定螺栓螺栓数量：12 个	
15. 测量进、排气凸轮轴径向间隙	使用塑料间隙规标尺对比进、排气凸轮轴轴颈上压扁后的塑料间隙规宽度，确定进、排气凸轮轴径向间隙　进气凸轮轴测量位置：10 个　排气凸轮轴测量位置：6 个　填写凸轮轴径向间隙测量工单	
16. 清洁进、排气凸轮轴轴颈	使用干净抹布清洁进、排气凸轮轴轴颈上的塑料间隙规	
17. 整理测量工具	将未使用的塑料间隙规和塑料间隙规标尺放回原处	

（五）测量工单

凸轮轴径向间隙测量工单如表 5-6 所示。

表 5-6　凸轮轴径向间隙测量工单

班级		姓名		学号	
组号		发动机编号		记录日期	
大众 AWL 发动机凸轮轴径向间隙技术标准					
进气凸轮轴径向间隙最大值			＿＿＿ mm		
排气凸轮轴径向间隙最大值			＿＿＿ mm		
凸轮轴径向间隙测量记录单					
凸轮轴		凸轮轴轴颈		径向间隙测量值	
排气凸轮轴		位置 1		＿＿＿ mm	
		位置 2		＿＿＿ mm	
		位置 3		＿＿＿ mm	
		位置 4		＿＿＿ mm	
		位置 5		＿＿＿ mm	
		位置 6		＿＿＿ mm	
进气凸轮轴		位置 1		＿＿＿ mm	
		位置 2		＿＿＿ mm	
		位置 3		＿＿＿ mm	
		位置 4		＿＿＿ mm	
		位置 5		＿＿＿ mm	
		位置 6		＿＿＿ mm	
		位置 7		＿＿＿ mm	
		位置 8		＿＿＿ mm	
		位置 9		＿＿＿ mm	
		位置 10		＿＿＿ mm	
测量结论和处理意见：					

三、凸轮轴圆跳动测量

（一）任务准备

按照《大众汽车发动机构造与拆装》中的操作步骤和技术规范，拆卸发动机进、排气凸轮轴，以待检测。

（二）大众 AWL 发动机检测技术标准

进气凸轮轴轴圆跳动最大值：0.01mm。
排气凸轮轴轴圆跳动最大值：0.01mm。

（三）测量工具和耗材

凸轮轴圆跳动测量工具和耗材如表 5-7 所示。

表 5-7　凸轮轴圆跳动测量工具和耗材

序号	工具名称	工具实物图
1	百分表	
2	磁力表座	
3	测量平台	
4	V 型支架	

序号	工具名称	工具实物图
5	抹布	

（四）测量步骤

凸轮轴圆跳动测量步骤如表 5-8 所示。

表 5-8　凸轮轴圆跳动测量步骤

测量步骤	测量方法和技术规范	操作示范图
1. 组装磁力表座和百分表	按测量角度组装磁力表座，将百分表安装在磁力表座上 轻轻按压百分表测量头，检查百分表 使用干净抹布清洁百分表测量头	
2. 固定排气凸轮轴	使用干净抹布清洁测量平台 使用 V 型支架将排气凸轮轴架在测量平台上，旋转排气凸轮轴，检查排气凸轮轴在 V 型支架上旋转是否平稳	
3. 清洁测量面	使用干净抹布清洁排气凸轮轴轴颈 排气凸轮轴轴颈数量：6 个	
4. 安装磁力百分表	将磁力表座放在测量位置上，打开磁力开关（指针指向 ON），使磁力表座吸附在测量平台上	

测量步骤	测量方法和技术规范	操作示范图
4. 安装磁力百分表	调整磁力表座连杆，使百分表测量杆垂直接触排气凸轮轴轴颈。为保证百分表与排气凸轮轴轴颈接触良好，将百分表预压 1.00mm 左右	
5. 测量排气凸轮轴圆跳动	旋转排气凸轮轴一周，读出百分表指针摆动的最大差值，该值即排气凸轮轴轴颈的圆跳动值 抬高磁力表座连杆位置，关闭磁力百分表的磁力开关（指针指向 OFF） 填写凸轮轴圆跳动测量工单	
	重复操作步骤 4 和步骤 5，依次测量排气凸轮轴各轴颈圆跳动最大值，其中数值最大的圆跳动为该排气凸轮轴圆跳动最大值 填写凸轮轴圆跳动测量工单	
6. 测量进气凸轮轴圆跳动	重复测量步骤 2 至测量步骤 5，测量进气凸轮轴圆跳动最大值	

测量步骤	测量方法和技术规范	操作示范图
7. 拆解磁力百分表	将磁力百分表从测量平台上取下，拆解磁力百分表	
8. 清洁整理测量工具	使用干净抹布清洁百分表（重点清洁测量杆）和磁力表座，将清洁后的测量工具放回原处	

（五）测量工单

凸轮轴圆跳动测量工单如表5-9所示。

表5-9 凸轮轴圆跳动测量工单

班级		姓名		学号	
组号		发动机编号		记录日期	
大众 AWL 发动机凸轮轴圆跳动技术标准					
排气凸轮轴圆跳动最大值				＿＿＿＿ mm	
进气凸轮轴圆跳动最大值				＿＿＿＿ mm	
凸轮轴圆跳动测量工单					
凸轮轴		轴颈		圆跳动测量值	
排气凸轮轴		位置 1		＿＿＿＿ mm	
		位置 2		＿＿＿＿ mm	
		位置 3		＿＿＿＿ mm	
		位置 4		＿＿＿＿ mm	
		位置 5		＿＿＿＿ mm	
		位置 6		＿＿＿＿ mm	

进气凸轮轴	位置 1	＿＿mm
	位置 2	＿＿mm
	位置 3	＿＿mm
	位置 4	＿＿mm
	位置 5	＿＿mm
	位置 6	＿＿mm
	位置 7	＿＿mm
	位置 8	＿＿mm
	位置 9	＿＿mm
	位置 10	＿＿mm
测量结论和处理意见：		

【项目评价】

凸轮轴检修项目评价如表 5-10 所示。

表 5-10　凸轮轴检修项目评价表

评价内容	操作要求	配分	操作扣分标准	学生自评	小组互评	教师评价
凸轮轴轴向间隙测量	掌握进、排气凸轮轴轴向间隙值	4	技术标准掌握错误，扣 4 分			
	选择正确的测量工具	4	选错测量工具，每个错误扣 1 分			
	测量步骤正确、规范	16	测量步骤错误，每个错误扣 2 分 操作不规范，每个错误扣 2 分			
	填写测量工单正确	4	每个错误扣 1 分			

评价内容	操作要求	配分	操作扣分标准	学生自评	小组互评	教师评价
凸轮轴径向间隙测量	掌握进、排气凸轮轴径向间隙值	4	技术标准掌握错误，扣4分			
	选择正确的检测工具	4	选错测量工具，每个错误扣1分			
	测量步骤正确、规范	16	测量步骤错误，每个错误扣2分 操作不规范，每个错误扣2分			
	填写测量工单正确	4	每个错误扣1分			
凸轮轴圆跳动测量	掌握进、排气凸轮轴圆跳动值	4	技术标准掌握错误，扣4分			
	选择正确的检测工具	4	选错测量工具，每个错误扣1分			
	测量步骤正确、规范	16	测量步骤错误，每个错误扣2分 操作不规范，每个错误扣2分			
	填写测量工单正确	4	每个错误扣1分			
安全文明操作	穿着整洁的工作服和安全鞋	4	工作服不整洁，扣1分 没有穿工作服，扣2分 没有穿安全鞋，扣1分			
	尊敬教师和组员	4	不尊敬教师，扣2分 不尊敬组员，扣2分			
	同组员协作完成任务	4	没有同组员协作完成任务，扣4分			
	操作过程达到大众6S标准	4	没有达到大众6S标准的操作，每个操作扣1分			
合计		100				

项目六　气门检修

【项目导读】

气门检修是汽车发动机典型零件检修项目之一。气门由气门头部和杆部组成。气门头部工作环境温度很高，而且还要在承受气体压力、气门弹簧作用力和传动组件惯性力的情况下高速运动，因此气门必须耐热、耐磨且具有一定的强度和刚度。进气门一般采用合金钢（铬钢、镍铬钢）制造；排气门一般采用耐热合金（硅铬钢）制造。

气门的作用是向气缸输入可燃混合气体或者空气，排放气缸内燃烧产生的废气。气门按照作用不同，分为进气门和排气门。进气门的作用是将空气吸入发动机内与燃料混合燃烧或者吸入可燃混合气体；排气门的作用是将燃烧后的废气排出气缸。

气门的主要损坏形式有划痕、积碳、间隙过大、变形、开裂等。气门发生故障，将导致发动机动力不足、漏油、抖动、异响等。气门头部产生积碳的情况较为从常见，因为进气气门更易产生积碳。积碳会阻碍进气气门吸入气体，吸附混合燃气中的汽油，导致发动机失火、油耗增加、动力性能下降，甚至冷启动困难。积碳过多，甚至可以造成气门不能落座。气门无法密封气缸，将造成发动机动力下降甚至无法工作。气门杆的主要损坏形式有变形和磨损。气门杆磨损后，将造成气门杆与气门导管之间的间隙过大。过大的间隙使气门落座不同心，造成气门与气门座的工作锥面偏磨（气门座工作锥面各处的宽不相同），降低了气门的密封性能，引起发动机性能降低，也会加速气门泄封的损耗。

【学习目标】

1. 了解大众 AWL 发动机气门最大允许变形值。
2. 了解大众 AWL 发动机进、排气门标准尺寸与允许最大偏值。

3. 了解大众 AWL 发动机气门导管间隙允许最大偏值。

4. 了解大众 AWL 发动机气门间隙允许最大偏值。

5. 理解游标卡尺、磁力百分表和厚薄规的使用方法。

6. 掌握气门磨损的检验方法。

7. 掌握气门间隙的检验方法。

【项目实施】

一、气门磨损检测

（一）任务准备

按照《大众汽车发动机构造与拆装》中的操作步骤和技术规范，拆卸发动机气门，以待检测。

（二）大众 AWL 发动机检测技术标准

气门如图 6-1 所示。

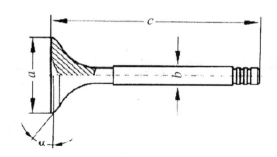

a—气门头部直径；b—气门杆直径；c—气门长度

图 6-1　气门示意图（单位：mm）

气门标准尺寸如表 6-1 所示。

表 6-1　气门标准尺寸 mm

测量位置	进气门标准尺寸	排气门标准尺寸
气门头部直径（a）	26.80—27.00	29.80—30.00
气门杆直径（b）	5.95—5.97	5.94—5.95
气门长度（c）	104.84—105.34	103.64—104.14

（三）测量工具和耗材

气门磨损检测工具和耗材如表 6-2 所示。

表 6-2　气门磨损检测工具和耗材

序号	工具名称	工具实物图
1	游标卡尺	
2	测量台	
3	抹布	

（四）检测步骤

气门磨损检测步骤如表 6-3 所示。

表 6-3　气门磨损检测步骤

检测步骤	检测方法和技术规范	操作示范图
1. 清洁进气门和排气门	使用干净抹布清洁进气门和排气门	
2. 清洁游标卡尺	使用干净抹布清洁游标卡尺，重点清洁测量爪	

检测步骤	检测方法和技术规范	操作示范图
3. 校正游标卡尺	将游标卡尺量爪紧密结合后，打开开关，按下 ZERO/ABS，进行归零调整	
4. 测量进气气门	使用游标卡尺测量进气门的气门头部直径 进气气门数量：12 个 填写气门磨损检测工单	
	使用游标卡尺测量进气门的气门杆直径 进气气门数量：12 个 填写气门磨损检测工单	
	使用游标卡尺测量进气门的长度 进气气门数量：12 个 填写气门磨损检测工单	
5. 测量排气气门	使用游标卡尺测量排气门的气门头部直径 排气气门数量：8 个 填写气门磨损检测工单	
	使用游标卡尺测量排气门的气门杆直径 排气气门数量：8 个 填写气门磨损检测工单	

检测步骤	检测方法和技术规范	操作示范图
5.测量排气气门	使用游标卡尺测量排气气门长度 排气气门数量：12 个 填写气门磨损检测工单	
6.清洁整理测量工具	使用干净抹布清洁使用过的游标卡尺 将清洁后的游标卡尺放回原处	

（五）检测工单

气门磨损检测工单如表 6-4 所示。

表 6-4　气门磨损检测工单

班级		姓名		学号	
组号		发动机编号		记录日期	
大众 AWL 发动机气门尺寸技术标准（单位：mm）					
		测量位置	进气门标准尺寸	排气门标准尺寸	
气门头部直径（a） 气门杆直径（b） 气门长度（c）					

气门尺寸测量记录单				
气门种类	气缸	编号	测量位置	测量值
进气门	气缸 1	气门 1	a	＿＿＿ mm
			b	＿＿＿ mm
			c	＿＿＿ mm
		气门 2	a	＿＿＿ mm
			b	＿＿＿ mm
			c	＿＿＿ mm
		气门 3	a	＿＿＿ mm
			b	＿＿＿ mm
			c	＿＿＿ mm
	气缸 2	气门 1	a	＿＿＿ mm
			b	＿＿＿ mm
			c	＿＿＿ mm
		气门 2	a	＿＿＿ mm
			b	＿＿＿ mm
			c	＿＿＿ mm
		气门 3	a	＿＿＿ mm
			b	＿＿＿ mm
			c	＿＿＿ mm
	气缸 3	气门 1	a	＿＿＿ mm
			b	＿＿＿ mm
			c	＿＿＿ mm
		气门 2	a	＿＿＿ mm
			b	＿＿＿ mm
			c	＿＿＿ mm
		气门 3	a	＿＿＿ mm
			b	＿＿＿ mm
			c	＿＿＿ mm
	气缸 4	气门 1	a	＿＿＿ mm
			b	＿＿＿ mm
			c	＿＿＿ mm
		气门 2	a	＿＿＿ mm
			b	＿＿＿ mm
			c	＿＿＿ mm
		气门 3	a	＿＿＿ mm
			b	＿＿＿ mm
			c	＿＿＿ mm

续表

排气门	气缸 1	气门 1	*a*	＿＿mm
			b	＿＿mm
			c	＿＿mm
		气门 2	*a*	＿＿mm
			b	＿＿mm
			c	＿＿mm
	气缸 2	气门 1	*a*	＿＿mm
			b	＿＿mm
			c	＿＿mm
		气门 2	*a*	＿＿mm
			b	＿＿mm
			c	＿＿mm
	气缸 3	气门 1	*a*	＿＿mm
			b	＿＿mm
			c	＿＿mm
		气门 2	*a*	＿＿mm
			b	＿＿mm
			c	＿＿mm
	气缸 4	气门 1	*a*	＿＿mm
			b	＿＿mm
			c	＿＿mm
		气门 2	*a*	＿＿mm
			b	＿＿mm
			c	＿＿mm
测量结论和处理意见：				

二、气门导管间隙测量

（一）任务准备

按照《大众汽车发动机构造与拆装》中的操作步骤和技术规范，拆卸发动机气门，以待检测。

（二）大众 AWL 发动机检测技术标准

进气门导管间隙最大值：0.80mm。

排气门导管间隙最大值：0.80mm。

（三）测量工具和耗材

气门导管间隙测量工具和耗材如表 6-5 所示。

表 6-5　气门导管间隙测量工具和耗材

序号	工具名称	工具实物图
1	百分表	
2	VW387 百分表支架	
3	17mm 梅花开口扳手	
4	抹布	

（四）测量步骤

气门导管间隙测量步骤如表 6-6 所示。

表 6-6　气门导管间隙测量步骤

测量步骤	测量方法和技术规范	操作示范图
1. 清洁气门	使用干净抹布清洁气门 进气门数量：12 个 排气门数量：8 个	

测量步骤	测量方法和技术规范	操作示范图
2. 组装百分表和支架	用双手组装 VW387 百分表支架，安装百分表 轻轻按压百分表测量头，检查百分表 使用干净的抹布清洁百分表测量头	
3. 安装气门	使用双手将气门装入气门导管内，气门不要插到底部	
4. 安装 VW387 百分表支架	将 VW387 百分表支架安装在气缸盖上，插入固定螺栓并旋入螺栓螺母 使用 17mm 开口扳手紧固固定螺栓	
5. 测量气门导管间隙	调整 VW387 百分表支架连杆位置，使百分表测量杆与气门端面水平接触	
	为保证百分表与气门端面接触良好，将百分表预压 1.00mm 左右 调整百分表表盘，将百分表指针归零	
	使用手指在百分表测量杆轴向方向前后扳动气门，百分表指针随着手指扳动在 0 刻度左右摆动。读出最大正值和最小负值，最大正值和最小负值的绝对值之和，即气门导管间隙最大值 填写气门导管间隙测量工单	

测量步骤	测量方法和技术规范	操作示范图
6. 拆卸气门	调整 VW387 百分表支架连杆位置，使百分表测量杆离开气门，取出气门	
7. 测量其他气门导管间隙	重复测量步骤 3 至测量步骤 6，测量其他气门导管间隙	
8. 拆卸 VW387 百分表支架	使用 17mm 梅花开口扳手拆卸 VW387 百分表支架固定螺栓，取下 VW387 百分表支架	
9. 分解百分表和百分表支架	将百分表从 VW387 百分表支架上取下，分解 VW387 百分表支架	
10. 清洁测量工具	使用干净抹布清洁百分表和 VW387 百分表支架将清洁后的百分表和 VW387 百分表支架放回原处	

（五）测量工单

气门导管间隙测量工单如表 6-7 所示。

表 6-7　气门导管间隙测量工单

班级		姓名		学号	
组号		发动机编号		记录日期	
大众 AWL 发动机气门导管间隙技术标准					
气门导管种类			气门导管间隙最大值		
进气门导管			____ mm		
排气门导管			____ mm		
气门导管间隙测量记录单					
气缸	气门	百分表读数		数值	
气缸 1	进气门 1	最大正值		____ mm	
		最小负值		____ mm	
		气门导管间隙 = ｜最大正值｜+ ｜最小负值｜		____ mm	
	进气门 2	最大正值		____ mm	
		最小负值		____ mm	
		气门导管间隙 = ｜最大正值｜+ ｜最小负值｜		____ mm	
	进气门 3	最大正值		____ mm	
		最小负值		____ mm	
		气门导管间隙 = ｜最大正值｜+ ｜最小负值｜		____ mm	
	排气门 1	最大正值		____ mm	
		最小负值		____ mm	
		气门导管间隙 = ｜最大正值｜+ ｜最小负值｜		____ mm	
	排气门 2	最大正值		____ mm	
		最小负值		____ mm	
		气门导管间隙 = ｜最大正值｜+ ｜最小负值｜		____ mm	

气缸2	进气门1	最大正值	＿＿＿mm
		最小负值	＿＿＿mm
		气门导管间隙＝｜最大正值｜＋｜最小负值｜	＿＿＿mm
	进气门2	最大正值	＿＿＿mm
		最小负值	＿＿＿mm
		气门导管间隙＝｜最大正值｜＋｜最小负值｜	＿＿＿mm
	进气门3	最大正值	＿＿＿mm
		最小负值	＿＿＿mm
		气门导管间隙＝｜最大正值｜＋｜最小负值｜	＿＿＿mm
	排气门1	最大正值	＿＿＿mm
		最小负值	＿＿＿mm
		气门导管间隙＝｜最大正值｜＋｜最小负值｜	＿＿＿mm
	排气门2	最大正值	＿＿＿mm
		最小负值	＿＿＿mm
		气门导管间隙＝｜最大正值｜＋｜最小负值｜	＿＿＿mm
气缸3	进气门1	最大正值	＿＿＿mm
		最小负值	＿＿＿mm
		气门导管间隙＝｜最大正值｜＋｜最小负值｜	＿＿＿mm
	进气门2	最大正值	＿＿＿mm
		最小负值	＿＿＿mm
		气门导管间隙＝｜最大正值｜＋｜最小负值｜	＿＿＿mm
	进气门3	最大正值	＿＿＿mm
		最小负值	＿＿＿mm
		气门导管间隙＝｜最大正值｜＋｜最小负值｜	＿＿＿mm
	排气门1	最大正值	＿＿＿mm
		最小负值	＿＿＿mm
		气门导管间隙＝｜最大正值｜＋｜最小负值｜	＿＿＿mm
	排气门2	最大正值	＿＿＿mm
		最小负值	＿＿＿mm
		气门导管间隙＝｜最大正值｜＋｜最小负值｜	＿＿＿mm

气缸4	进气门1	最大正值	____ mm
		最小负值	____ mm
		气门导管间隙＝｜最大正值｜＋｜最小负值｜	____ mm
	进气门2	最大正值	____ mm
		最小负值	____ mm
		气门导管间隙＝｜最大正值｜＋｜最小负值｜	____ mm
	进气门3	最大正值	____ mm
		最小负值	____ mm
		气门导管间隙＝｜最大正值｜＋｜最小负值｜	____ mm
	排气门1	最大正值	____ mm
		最小负值	____ mm
		气门导管间隙＝｜最大正值｜＋｜最小负值｜	____ mm
	排气门2	最大正值	____ mm
		最小负值	____ mm
		气门导管间隙＝｜最大正值｜＋｜最小负值｜	____ mm
测量结论和处理意见：			

三、气门间隙测量

（一）任务准备

按照《大众汽车发动机构造与拆装》中的操作步骤和技术规范，拆卸发动机气门，以待检测。

（二）大众 AWL 发动机检测技术标准

气门间隙（凸轮轴和液压挺杆间隙）最大值：0.20mm。

（三）测量工具和耗材

气门间隙测量工具和耗材如表 6-8 所示。

表 6-8 气门间隙测量工具和耗材

序号	工具名称	工具实物图
1	厚薄规	
2	19mm 花型套筒	
3	棘轮扳手	
4	抹布	

（四）测量步骤

气门间隙测量步骤如表 6-9 所示。

表 6-9 气门间隙测量步骤

测量步骤	测量方法和技术规范	操作示范图
1. 清洁安装面	使用干净抹布清洁液压挺杆安装面	

测量步骤	测量方法和技术规范	操作示范图
2. 润滑安装面	使用油壶和手指将润滑油均匀涂抹在液压挺杆安装面上	
3. 清洁液压挺杆	使用干净抹布清洁液压挺杆	
4. 安装进气液压挺杆	用手将进气液压挺杆的工作面朝上，按照位置标记，然后放入相应安装位置 进气液压挺杆数量：12 个 注意：进气液压挺杆不能互换安装位置	
5. 安装排气液压挺杆	用手将排气液压挺杆的工作面朝上，按照位置标记，放入相应安装位置 排气液压挺杆数量：8 个 注意：排气液压挺杆不能互换安装位置	
6. 安装凸轮轴	按照项目五中的凸轮轴安装步骤安装凸轮轴	
7. 调整凸轮轴位置	使用 19mm 花型套筒和棘轮扳手旋转曲轴，将待测间隙的凸轮轴凸轮朝上	

测量步骤	测量方法和技术规范	操作示范图
8. 清洁测量工具	使用干净抹布清洁 0.20mm 厚薄规、楔形木棒或塑料棒	
9. 测量气门间隙	使用楔形木棒或塑料棒按压液压挺杆，同时将 0.20mm 厚薄规尝试插入凸轮轴和液压挺杆之间。如果无法插入或插入阻力很大，说明气门间隙（凸轮轴和液压挺杆间隙）小于或等于最大标准值，可以正常使用；如果顺利插入，说明气门间隙(凸轮轴和液压挺杆间隙)大于最大标准值，应更换液压挺杆 填写气门间隙测量工单	
10. 清洁测量工具	使用干净抹布清洁使用过的厚薄规	
11. 测量其他气门间隙	重复测量步骤 7 至测量步骤 10，测量其他气门间隙	
12. 拆卸凸轮轴	按照项目五中的凸轮轴轴向间隙测量内的凸轮轴拆卸步骤，拆卸凸轮轴	

测量步骤	测量方法和技术规范	操作示范图
13.拆卸液压挺杆	使用磁棒吸出排气液压挺杆。拆卸下的液压挺杆工作面朝下，按标记顺序放置 排气液压挺杆数量：8个 注意：吸出排气液压挺杆时，防止掉落损坏	
	使用磁棒吸出进气液压挺杆。拆卸下的液压挺杆，工作面朝下，按标记顺序放置 液压挺杆数量：12个 注意：吸出进气液压挺杆时，防止掉落损坏	

（五）测量工单

气门间隙测量工单如表6-10所示。

表6-10　气门间隙测量工单

班级		姓名		学号	
组号		发动机编号		记录日期	
大众 AWL 发动机气门间隙技术标准					
气门间隙（凸轮轴和液压挺杆间隙）最大值			_____mm		
气门间隙测量记录单					
气缸		气门		气门间隙（凸轮轴和液压挺杆间隙）是否合格	
气缸1		进气门1		□合格	□不合格
		进气门2		□合格	□不合格
		进气门3		□合格	□不合格
		排气门1		□合格	□不合格
		排气门2		□合格	□不合格
气缸2		进气门1		□合格	□不合格
		进气门2		□合格	□不合格
		进气门3		□合格	□不合格
		排气门1		□合格	□不合格
		排气门2		□合格	□不合格

	进气门 1	□合格	□不合格
	进气门 2	□合格	□不合格
气缸 3	进气门 3	□合格	□不合格
	排气门 1	□合格	□不合格
	排气门 2	□合格	□不合格
	进气门 1	□合格	□不合格
	进气门 2	□合格	□不合格
气缸 4	进气门 3	□合格	□不合格
	排气门 1	□合格	□不合格
	排气门 2	□合格	□不合格
测量结论和处理意见:			

【项目评价】

气门检修项目评价如表 6-11 所示。

表 6-11　气门检修项目评价表

评价内容	操作要求	配分	操作扣分标准	学生自评	小组互评	教师评价
气门磨损检测	了解进、排气门的气门标准尺寸	4	技术标准掌握错误，扣 4 分			
	选择正确的测量工具	4	选错测量工具，每个错误扣 1 分			
	测量步骤正确、规范	16	测量步骤错误，每个错误扣 2 分 操作不规范，每个错误扣 2 分			
	填写测量工单正确	4	每个错误扣 1 分			
气门导管间隙测量	了解进、排气门的气门导管间隙标准值	4	技术标准掌握错误，扣 4 分			
	选择正确的检测工具	4	选错测量工具，每个错误扣 1 分			
	测量步骤正确、规范	16	测量步骤错误，每个错误扣 2 分 操作不规范，每个错误扣 2 分			
	填写测量工单正确	4	每个错误扣 1 分			

评价内容	操作要求	配分	操作扣分标准	学生自评	小组互评	教师评价
气门间隙测量	了解进、排气门的气门间隙标准值	4	技术标准掌握错误，扣4分			
	选择正确的检测工具	4	选错测量工具，每个错误扣1分			
	测量步骤正确、规范	16	测量步骤错误，每个错误扣2分 操作不规范，每个错误扣2分			
	填写测量工单正确	4	每个错误扣1分			
安全文明操作	穿着整洁的工作服和安全鞋	4	工作服不整洁，扣1分 没有穿工作服，扣2分 没有穿安全鞋，扣1分			
	尊敬教师和组员	4	不尊敬教师，扣2分 不尊敬组员，扣2分			
	同组员协作完成任务	4	没有同组员协作完成任务，扣4分			
	操作过程达到大众6S标准	4	没有达到大众6S标准的操作，每个操作扣1分			
合计		100				

参考文献

［1］张宪辉．汽车修配工具与检测设备［M］.北京：化学工业出版社，2016.

［2］夏雪松．汽车维修工具与设备使用图解［M］.北京：化学工业出版社，2014.

［3］陈超杰．汽车检修典型项目实训［M］.北京：机械工业出版社，2016.

［4］浙江省教育厅职成教教研室．汽车构造与拆装：上［M］.北京：机械工业出版社，2010.

［5］浙江省教育厅职成教教研室．汽车构造与拆装：下［M］.北京：机械工业出版社，2010.

［6］张弟宁．汽车发动机构造与维修［M］.北京：人民交通出版社，2004.

附录　常见汽车维修工具的使用

一、厚薄规

（一）厚薄规的认识

厚薄规又称塞尺或间隙片，主要用于检验两个结合面之间的间隙大小。厚薄规由许多层厚薄不一的薄钢片组成，如附图 1 所示。每个薄钢片具有两个平行的测量平面，测量平面上印有厚度标记，以方便组合使用。

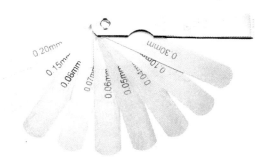

附图 1　厚薄规

测量时，根据结合面间隙的大小，选择一片或数片厚薄规重叠在一起塞进间隙内。例如，选用 0.03mm 的一片厚薄规能插入间隙，选择 0.04mm 的一片厚薄规不能插入间隙，则说明测量间隙在 0.03—0.04mm，所以厚薄规也是一种界限量规。

（二）厚薄规的作用

厚薄规用于测量间隙间距。在汽车检修中，常用来检验活塞与气缸、活塞环槽与活塞环、十字头滑板与导板、进排气阀和摇臂、齿轮啮合间隙等两个接合面之间的间隙大小。

（三）厚薄规的使用方法

（1）选择合适量具。根据被测间隙大小和测量条件（环境空间、测量位置、测量角度等），选择合适长度、类型、厚度规格和片数的厚薄规。

（2）清洁厚薄规。将选择的厚薄规各钢片展开，使用干净的抹布清洁各钢片的测量表面，如附图2所示。

附图2　清洁厚薄规

（3）测量间隙。先目测间隙大小，初选厚薄规钢片（一片或多片）插入间隙，如附图3所示。如果插不进去或插进后需要拉动的阻力过大，说明所选钢片厚度大于间隙值；如轻松插入或插入后拉动阻力过小，则说明所选钢片厚度小于间隙值。根据情况重新选择厚薄规，直至所选钢片插入被测间隙中来回拉动感到稍有阻力为止，该间隙为选择厚薄规钢片上所标出的数值（或各片数值之和）。

附图3　测量间隙

（四）使用注意事项

（1）使用厚薄规前，应确认厚薄规是否经校验或在校验有效期内。

（2）测量过程中，不允许剧烈弯折厚薄规钢片或使用较大的力将厚薄规钢片强行插入测量间隙。

（3）根据测量结合面间隙情况，选择厚薄规片数，选择片数越少，测量结果越精确。

（4）厚薄规不能测量高温的间隙。

（5）使用厚薄规测量间隙时，测量间隙必须垂直钢片测量面。

（6）测量完成后，应使用干净抹布清洁厚薄规各钢片并涂上一层防锈油，然后将厚薄规各钢片折回保护板内，放入盒中保存，以防止厚薄规发生锈蚀、弯曲和变形。

二、游标卡尺

（一）游标卡尺的认识

游标卡尺简称卡尺。游标卡尺由尺身和附在尺身上能滑动的游标两部分构成，尺身上有主刻度尺，滑动量爪上有游标刻度尺。游标卡尺的尺身游标上有两副活动量爪，分别是内测量爪和外测量爪，内测量爪通常用来测量内径，外测量爪通常用来测量长度和外径。深度尺与游标尺连在一起，可以测槽和筒的深度。游标卡尺结构如附图4所示。

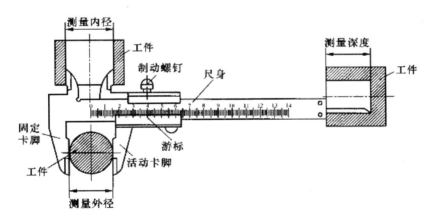

附图4　游标卡尺结构

游标卡尺的尺身刻度一般以毫米（mm）为单位。游标卡尺的游标上有10个、20个或50个小格，根据小格数量不同，游标卡尺分为10分度、20分度和50分度三种。游标卡尺的分度越多，所测量的精度越高。

（1）10分度游标的量程为9mm，每一个刻度长0.9mm，精确度为0.1mm。

（2）20分度游标的量程为19mm，每一个刻度长0.95mm，精确度为0.05mm。

（3）50分度游标的量程为49mm，每一个刻度长0.98mm，精确度为0.02mm。

汽车检修中常使用50分度的游标卡尺，如附图5所示。

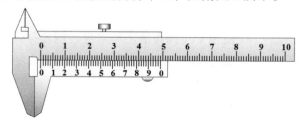

附图5　50分度的游标卡尺

（二）游标卡尺的作用

游标卡尺是一种精密测量工具，可以测量零件的长度、内径、外径和深度。

（三）游标卡尺的使用方法

下面以测量精度为0.02mm的机械式游标卡尺为例，讲解游标卡尺的使用方法。

（1）测量前，使用干净抹布清洁游标卡尺的量爪和被测件的表面。检查游标卡尺量爪的密合状态。尺身和游标的量爪必须完全密合，才能保证测量的精度。量爪在密合状态下，如果只能够透过少许光线表示密合良好；如果穿透光线很多，表示量爪密合不佳。

（2）零刻线校正。游标卡尺的量爪密切结合时，检查尺身和游标上的零刻线是否重合，如果不重合，应当校正游标卡尺，如附图6所示。

附图6　零刻线校正

（3）检查游标移动状况。游标应能在尺身上缓慢且速度一致地移动，游标移动不发涩且阻力不大。

（4）使用游标卡尺测量零件外径时，首先将测量零件放在两个量爪之间，保持测量零件与量爪处于垂直位置，轻轻滑动量爪至两个量爪都接触到被测零件，然后使用右手拇指轻压游标卡尺游标，同时旋紧紧固螺钉，读取零件外径值，如附图7所示。

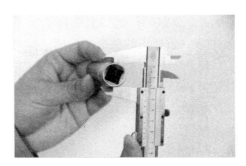

附图7 外径测量

（5）使用游标卡尺测量零件内径时，首先将测量内径的量爪放入测量内径中，保持测量内径与量爪处于垂直位置，轻轻滑动量爪至两个量爪都接触到测量零件，然后使用右手拇指轻拉游标卡尺游标，同时旋紧紧固螺钉，读取零件内径值，如附图8所示。

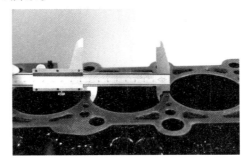

附图8 内径测量

（6）使用游标卡尺测量零件深度时，首先将游标卡尺的尾部顶住测量基准面，保持卡尺尾部端面与测量深度方向处于垂直位置，轻轻滑动量爪伸出深度尺，直至深度尺接触到测量位置，然后使用右手拇指轻拉游标卡尺游标，同时旋紧紧固螺钉，读取零件深度值，如附图9所示。

附图9 深度测量

（7）读取测量值方法。读数时，视线应垂直于尺面。首先读出游标零线左边与主刻度尺身相邻的第一条刻线的整毫米数值，即测得尺寸的整数值，如附图10所示，整数值为13.00mm。然后读取游标上与主刻度尺刻度线对齐的那条刻度线所对应的数值，该值与游标卡尺的精度值之积，即测量尺寸的小数值，如附图10所示，小数值为：22×0.02mm=0.44mm。最后，将整数值和小数值相加，得到零件的测量尺寸值。

测量值为：13.00mm+（22×0.02）mm=13.00mm+0.44mm=13.44mm。

附图10　读取数值

（四）使用注意事项

（1）游标卡尺是一种精密的测量工具，使用前应清洁游标卡尺尺身和测量位置，使用后应清洁游标卡尺尺身并放入盒中保存。如果长时间不使用，应在尺身上涂抹润滑油防止生锈。

（2）游标卡尺不能测量高温零件和运动中的零件。

（3）游标卡尺是测量工具，不能当作敲击工具使用。

三、高度尺

（一）高度尺的认识

高度尺是高度游标卡尺的简称，其形态和结构如附图11所示。高度尺按量程不同，分为0—300mm、0—500mm、0—1000mm、0—1500mm、0—2000mm五种规格。高度尺按数据显示方式不同，分为刻度式、指针式和数显式三种。

附图 11　高度尺

（二）高度尺的作用

高度尺是一种精密测量量具，可以测量零件的高度，还可用于零件划线。

（三）高度尺的使用方法

（1）测量前，使用干净抹布清洁高度尺的底座、量爪和被测零件的表面。检查高度尺的量爪是否磨损。

（2）零刻线校正。将清洁后的高度尺放置在测量台上，缓缓移动游标直至高度尺的量爪接触测量台表面，检查尺身和游标上的零刻线是否重合，如果不重合，应当校正高度尺。

（3）检查游标移动状况。游标应能在尺身上缓慢且速度一致地移动，游标移动不发涩且阻力不大。

（4）使用高度尺测量零件高度时，应将零件测量高度方向垂直于测量平台并放置在高度尺的量爪下，轻轻滑动高度尺游标至量爪紧贴测量零件，同时旋紧紧固螺钉，读取零件高度值。

（5）使用高度尺划线时，应将零件沿高度方向垂直地放置在测量平台上，轻轻滑动高度尺的游标至量爪达到划线高度，旋紧紧固螺钉。根据划线要求，移动高度尺基座，对零件进行划线。

（6）高度尺的读数方法与游标卡尺读数方法相同。

（四）使用注意事项

（1）高度尺是一种精密的测量工具，使用前应清洁高度尺尺身和测量位置，使用后应清洁高度尺尺身并放入盒中保存。如果长时间不使用，应在尺身上涂抹润滑油防止生锈。

（2）高度尺不能测量高温零件和运动中的零件。

（3）高度尺的测量爪非常锋利，操作时要避免割伤。

（4）高度尺应放在稳固的平面上测量零件。

四、千分尺

（一）千分尺的认识

千分尺是外径千分尺的简称，也称为螺旋测微计或分厘卡。千分尺是一种精密测量工具，它的精度比游标卡尺高。千分尺由固定套筒和活动套筒两部分组成。固定套筒上刻有刻度。活动套筒上刻有 50 等份的分度，每旋转一周沿轴线方向前进或后退 0.5mm，因此活动套筒旋转一个分度（1/50 转）可移动 0.01mm。千分尺按量程不同，可分为 0 —25mm、25 —50mm、50 —75mm、75 —100mm、100 —125mm 多种规格。千分尺按数据显示方式不同，可分为机械式千分尺和电子式千分尺两种，如附图 12 至附图 14 所示。

附图 12　电子式千分尺

附图 13　机械式千分尺

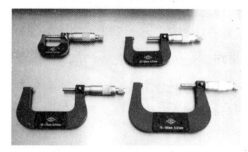

附图 14　不同规格的千分尺

（二）千分尺的作用

千分尺是一种精密测量工具，可以测量零件的外形尺寸。

（三）千分尺的使用方法

下面以机械式千分尺测量凸轮轴为例，介绍千分尺的使用方法。

（1）根据测量零件尺寸，选择合适量程的千分尺。使用干净抹布清洁千分尺和测量零件。

（2）零刻线校正。使用千分尺配套的校对柱校正千分尺的零刻线是否对齐，如果没有对齐，可使用配套的调整扳手调整零刻线的位置。零刻线校正如附图15所示。量程为 0—25mm 的千分尺不需要校对。

附图 15　零刻线校正

（3）使用千分尺测量凸轮轴轴颈，应拿住千分尺的弓架隔热部分，保持千分尺垂直轴颈测量面，旋转活动套筒至两个测量杆均接触测量面，再旋转限荷棘轮，当听到千分尺发出"咔咔"的 2 至 3 次响声后，拧紧锁紧装置，读取测量值，如附图16所示。

附图 16　测量凸轮轴轴颈

（4）读取测量值时，先读旋转套筒左边的主刻度尺上看得见的整毫米刻度，如果旋转套筒边缘下出现一条刻度线，则在整毫米读数后加上 0.5 毫米；如果旋转套筒边缘下没有出现一条刻度线，则加 0。然后估读活动套筒上与固定套筒基准线对齐的那条刻度线的数值，该数值与千分尺的精度之积即测量值的最后两位小数。最后，将三个读数相加得到测量值，如附图 17 所示，测量值读数为：8mm+0.50mm+6.1×0.01mm=8.561mm。

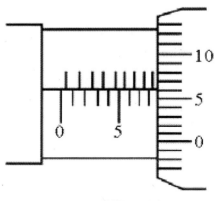

附图 17　测量值读数

（四）使用注意事项

（1）千分尺是一种精密的测量工具，使用前应清洁千分尺尺身和测量位置，使用后应清洁尺身并放入盒中保存。如果长时间不使用，应在尺身上涂抹润滑油防止生锈。

（2）千分尺不能测量高温零件和运动中的零件。

（3）千分尺不能测量尖锐零件。

（4）千分尺测量零件时，按规范夹紧后，不可继续旋转活动套筒。

（5）千分尺不能当作卡钳等夹具使用。

五、百分表

（一）百分表的认识

百分表是利用精密齿条齿轮机构制成的表式长度测量工具。百分表由表体部分、传动系统和读数装置三个部分组成，组成零件有测头、测量杆、套筒、表圈、表体、表盘和指针等，如附图 18 所示。

压力作用在百分表的测头上时，百分表的测量杆会向内移动，测量杆连接的齿条带动圆表盘上的指针转动，因此测量杆移动的距离可转化为指针转动的刻度。百分表的圆表盘上印制有 100 个等分刻度，测量杆每移动 0.01mm，表针就移动一个等分刻度。

附图 18　百分表

测量杆每移动 1mm，圆表盘中的大指针就旋转一圈，大指针每旋转一周，小指针旋转一格。因此，读取大小指针的数值即可知道测量杆移动的距离。百分表按量程可分为 0 —3mm、0 —5mm、0 —10mm 三种规格。

（二）百分表的作用

百分表是一种精密测量工具，主要用于测量一些小尺寸零件或者零件的几何形状误差或位置误差。

（三）百分表的使用方法

下面以测量凸轮轴圆跳动为例，介绍百分表的使用方法。

（1）根据测量零件的尺寸选择合适规格的百分表。使用手按压几次百分表的测头，检查百分表的指针是否正常回位。

（2）组装磁力表座，磁力表座结构如附图 19 所示。

附图 19　组装磁力表座

（3）将百分表安装到磁性表座的尾部夹持装置上，并清洁测头，如附图 20 所示。

附图 20　安装百分表

（4）将凸轮轴的两端放在测量平台上的 X 形支架上，旋转凸轮轴，检查稳固情况。使用干净抹布清洁凸轮轴的测量面。

（5）调整测量表座位置，打开磁力开关，将磁力表座吸附在测量平台上。调整磁力表座的主副杆位置，使百分表的测头垂直接触凸轮轴轴颈测量面，如附图 21 所示。

附图 21　放置百分表

（6）为保证百分表与测量面接触良好，稍微松开主杆与副杆之间的夹持装置，下压百分表，使得大表针转动 0.5—1.0mm，锁紧夹持装置。调整百分表表盘，将大指针对准零刻度线位置，如附图 22 所示。

附图 22　调整百分表

（7）匀速缓慢转动凸轮轴，观察百分表的指针摆动情况。如果曲轴有微小的弯曲，百分表就会将它放大在刻度盘上显示出来，通过观察读取最大的摆动量，得到凸轮轴的圆跳动值。

（四）使用注意事项

（1）百分表是精密测量工具，使用前应检查百分表是否在检定周期内。使用百分表前后都须清洁表体，但不得在测量杆上涂凡士林或其他油类，否则会使测量杆和套筒黏结，造成测量杆移动不灵活。

（2）百分表只能检测光滑机械表面，不要用于测量毛坯零件的粗糙表面或有显著凹凸的表面，否则会损伤测头。

（3）百分表不能测量高温零件。

（4）百分表的测量头不能大力或快速按压，不要将测头按到底部，否则会损坏百分表，如附图23所示。

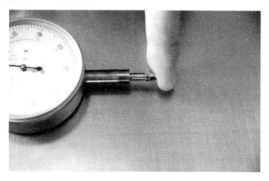

附图 23　禁止过度挤压百分表

（5）测量时，百分表的测量杆必须与测量面垂直，否则不仅测量误差大，而且有可能卡住测量杆，损坏百分表，如附图24所示。

附图 24　测量杆没有垂直测量面

（7）百分表不使用时应放入盒中，保存在干燥、无磁性的地方。保存中的测量杆应处于自由放松状态，以保证使用时的精度。

六、量缸表

（一）量缸表的认识

量缸表也叫内径百分表，是一种精密的测量工具，它是由百分表、表杆、绝缘套（绝缘手柄）、固定测头、锁止手柄等部件组成的，如附图 25 所示。

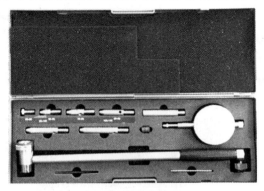

附图 25　量缸表的组成

零件尺寸的微小变化通过测头、表杆传递给百分表，百分表放大后可读出数值的变化。

（二）量缸表的作用

量缸表可以测量圆孔型零件的孔径，进而计算出圆度和圆柱度。在汽车检测维修中，量缸表一般用来测量气缸的实际尺寸，通过与标准尺寸进行对比，可判断气缸的磨损程度。气缸的磨损程度是判断发动机是否需要大修的重要依据。

（三）量缸表的使用方法

下面以测量发动机气缸缸径为例，介绍量缸表的使用方法。

（1）检查量缸表中百分表的性能。选择合适规格的百分表，使用手触碰测量头，观察百分表的表针是否能够正常回位，如附图 26 所示。

附图 26 检查百分表性能

（2）检查固定测头的状态。用手顺时针旋转，确认固定测头已经紧固，否则会影响测量的精度，如附图 27 所示。

附图 27 检查固定测头状态

（3）组装量缸表。将百分表安装到标杆上方的插口中，使得百分表预紧 0.5—1.0mm（百分表的大表针转动半圈至一圈），然后旋紧锁止手柄，如附图 28 所示。检查百分表是否安装到位，用手按压固定测头，在放松测头时观察百分表的大表针是否正常回位。

附图 28 将百分表插入表杆上部并旋紧锁止手柄

（4）组装合适的量杆。通过查找技术资料取得气缸内径尺寸，或者使用游标卡尺测量气缸内径尺寸，如附图 29 所示。

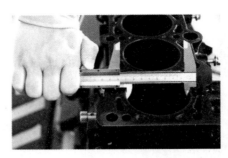

附图 29　使用游标卡尺测量气缸内径

　　根据气缸内径尺寸选择合适长度的量杆组装到量缸表上，组装后的测量杆比气缸内径大 0.5—1.0mm（百分表的大表针旋转半圈至一圈），然后旋紧锁止螺母，如附图 30 所示。

附图 30　选择合适的量杆

　　（5）准备外径千分尺。选择合适规格的外径千分尺，将其清洁、校零后安装到台虎钳上，再将外径千分尺调整到与气缸内径尺寸相同。

　　（6）量缸表调零。将量缸表测量杆放入外径千分尺的两个侧砧之间，如附图 31 所示，然后一手扶住侧量杆，转动测量杆找到测量表大指针指示最小值的位置，然后固定，另外一只手旋转百分表表圈，使大表针指示表盘上的"0"刻线位置。大指针调到"0"刻线位置，将量缸表从千分尺上取下之后，就不能再调整指针位置了。

附图 31　将量缸表测量杆放入外径千分尺两个测砧之间

（7）测量气缸内径。在气缸内选择上、中、下三个截面测量气缸的内径，上、下两个截面距气缸边缘约 10mm。每个截面分别测量横向和纵向两个方向的缸径。气缸内的测量位置以相应车型的维修手册为准。

手握量缸表的绝缘套（绝缘手柄），将量缸表倾斜放入待测气缸，如附图 32 所示。调整量缸表的表杆位置，使表杆与气缸轴线平行，如附图 33 所示。缓慢转动表杆，视线与百分表水平，读取百分表上指针摆动的最小差值，如附图 34 所示。

附图 32　将量缸表倾斜放入　　　　附图 33　将量缸表的表杆调整至
　　　　待测气缸　　　　　　　　　　　　与气缸轴线平行

附图 34　读取百分表上的测量值

（8）计算气缸内径。百分表的大表针在零刻线左侧，则数值为正；百分表的大指针在零刻线右侧，则数值为负。实际尺寸 = 标准尺寸 ± 百分表读数。

（四）使用注意事项

（1）量缸表使用前后都要清洁干净，但不能在测量杆上涂凡士林或其他油类，防止测量杆和套筒黏结。量缸表不使用时应放入盒中，保存在干燥、无磁性环境中。

（2）测量时，应手握量缸表的绝缘套（绝缘手柄），不可手握金属杆部分，防止因温度变化影响测量精度。

（3）读取量缸表数值时，眼睛应与百分表处于水平位置。

（4）量缸表不可当作敲击或撬动工具使用。

（5）量缸表要严格实行周期检定。

七、塑料间隙规

（一）塑料间隙规的认知

塑料间隙规又称塑性线间隙规。塑料间隙规由软塑料制成，通过观测软塑料的变形程度，可以知道测量位置的间隙尺寸，因此塑料间隙规为一次性测量工具。塑料间隙规的组成，如附图35所示。

附图35　塑料间隙规的组成

塑料间隙规有三种颜色规格，不同颜色表示不同厚度。按颜色区分测量范围：绿色塑料间隙规测量范围为 0.025— 0.076mm；红色塑料间隙规测量范围为 0.051— 0.152mm；蓝色塑料间隙规测量范围为 0.102— 0.229mm。

（二）塑料间隙规的作用

塑料间隙规可测量固定表面之间的间隙。塑料间隙规测量时几乎不需要操作空间，因此在普通间隙规无法插入测量的情况下，可以使用塑料间隙规完成测量。塑料间隙规甚至可以在不拆开机轴的情况下测量大端轴承的间隙。

（三）塑料间隙规的使用方法

下面以测量曲轴主轴颈间隙为例，讲解塑料间隙规的使用方法。

（1）清洁曲轴主轴颈和轴承盖表面，如附图36所示。

附图 36　清洁曲轴轴颈

（2）截取相同长度的间隙规，匹配轴承宽度。

（3）将塑料间隙规放在曲轴连杆轴颈上，放置时避开轴颈的湿润油孔，如附图 37 所示。

附图 37　将塑料间隙规放在曲轴连杆上

（4）把轴承盖放在曲轴连杆轴颈上并以规定的力矩将其紧固，此时切勿转动曲轴，如附图 38 所示。

附图 38　紧固轴承盖

（5）拆下轴承盖，将压扁间隙规的宽度与塑料间隙规封套上的刻度进行对比，两者宽度最接近处对应的刻度即曲轴连杆和轴颈之间的间隙，读取测量值，如附图 39 所示。

附图39 读取测量值

（四）使用注意事项

（1）塑料间隙规为一次性测量工具，不可重复使用。

（2）塑料间隙规不使用时应该保存在盒中，防止挤压变形。

八、刀口尺

（一）刀口尺的认知

刀口尺又称为刀口形直尺，是一种测量面呈刃口状的直尺。刀口尺一般用于测量零件平面形状误差。刀口尺的精度一般都比较高，直线度误差一般在1微米左右。刀口尺如附图40所示。

附图40 刀口尺

（二）刀口尺的作用

在汽车检修中，刀口尺一般和塞尺一同使用，可测量零件的平面度误差。

（三）刀口尺的使用方法

下面以测量气缸体平面度误差为例，讲解刀口尺的使用方法。

（1）将刀口尺倾斜移动到测量位置，竖起刀口尺，使刀口尺垂直测量面，如附图41所示。

附图 41　使刀口尺垂直测量面

（2）将厚度与气缸体允许的最大平面度误差值相同的塞尺塞入刀口尺和气缸体中间的间隙，如果能够塞入说明气缸体的平面度误差过大，需要修磨或者更换，如果不能塞入，说明气缸体的平面度误差符合标准，可以继续使用，如附图42所示。

附图 42　测量气缸体平面度误差

（四）使用注意事项

（1）刀口尺是一种精密的测量工具，使用前后都要清洁干净，使用后要放到盒中保存，避免其受力变形。长时间不使用，刀口尺应涂抹润滑油防止生锈。

（2）刀口尺使用时要轻拿轻放，避免磕碰或者掉落。

（3）测量时，刀口尺不能在测量面上拖动，以免损坏刀口尺测量面。

（4）刀口尺不能在凹凸不平的表面使用。